稻盛和夫：什么是经营者？

［日］ 日经企业家领袖　编

林焕军　译

人民东方出版传媒
People's Oriental Publishing & Media
东方出版社
The Oriental Press

图书在版编目（CIP）数据

稻盛和夫：什么是经营者？ / ［日］日经企业家领袖 编；林焕军 译. — 北京：东方出版社，2015.2

ISBN 978-7-5060-8008-8

Ⅰ.①稻… Ⅱ.①日…②林… Ⅲ.①企业管理—经验—日本—现代 Ⅳ.①F279.313.3

中国版本图书馆CIP数据核字（2015）第030433号

本书中文简体字版权由北京汉和文化传播有限公司代理
中文简体字版专有权属东方出版社
著作权合同登记号 图字：01-2015-0639号

稻盛和夫：什么是经营者？
（DAOSHENGHEFU: SHENME SHI JINGYINGZHE？）

作　　者：［日］日经企业家领袖
译　　者：林焕军
责任编辑：贺　方
出　　版：东方出版社
发　　行：人民东方出版传媒有限公司
地　　址：北京市东城区东四十条113号
邮　　编：100007
印　　刷：北京文昌阁彩色印刷有限责任公司
版　　次：2015年5月第1版
印　　次：2022年4月第3次印刷
印　　数：9001—12000册
开　　本：700毫米×1000毫米 1/16
印　　张：11
字　　数：100千字
书　　号：ISBN 978-7-5060-8008-8
定　　价：32.00元
发行电话：（010）85924663　85924644　85924641

序 言

《日经企业家领袖》（曾有一段时间名为《日经风险企业》）自1984年创刊以来，始终是一本以促进日本中小企业活力为社会使命的经营性杂志。最近几年，在采访后的闲聊中，我们常常听到越来越多的经营者对我们说："我参加了盛和塾。"

盛和塾于1983年成立，是稻盛和夫（京瓷名誉会长、KDDI最高顾问、JAL名誉会长）主办的经营学课堂。近年来，盛和塾学员人数激增，许多中小企业经营者曾在这里学习。

原因之一毫无疑问是日本航空（JAL）的复兴大戏。稻盛先生用了两年零八个月就让这家背负巨额债务、濒临破产的航空公司华丽地实现了再次上市。其成功经验被广泛传播，想要学习"稻盛经营"的经营者也越来越多。

当然，还有我们所认为的另一点原因，那就是经营的时代性。

日本现在正迎来巨大的社会转型。一方面，日本进入人口缩减的少子高龄化社会，另一方面，经济的全球化也在急速推进之中，随之而来的政治职能也在不断改变。可是，虽然许多人都意识到日本必须做出改变，但却完全不清楚应该怎样改变。

感到困惑时就回到原点，这是铁律。什么是国家？什么是经济？什么是政治？什么是企业？对这类根源性问题，人们如此不舍地追问，可谓近年来少有。同样，还有一个不可忘记的追问，那就是："什么是经营者？"

经营者的使命是什么？增加利益？让事业永续？这些的确是经营者应该思考的重要问题，也可说是企业的使命。我们希望能更多从经营者个人的角度来试着思考，将"什么是经营者"这个问题转变为"经营者应该是怎样的人"。

我们或许并未对这个问题进行过深入思考。一直以来，我们都是在欧美式"管理"和日本式"经营"之间来回摇摆，对大量的经营手法进行过讨论，却很少关注经营者个人。这是因为在过去很长的一个时期，即使不去关注经营者，只要趁着经济增长的大潮，任何一个经营者都能把公司经营得有声有色。当然，对一个创业型经营者而言，他的事业起始于他所拥有的高超技术和事业计划，由此他会获得一批追随者。但是"经营者应该是个怎样的人"这一命题却并未由此发展开来。

随着越来越多的日本企业陷入困境，我们已经开始不自觉地关注"什么是经营者"这一问题。这时，稻盛先生登台亮相，他让越来越多的人注意到，原本被认为以经营者个性为核心的经营风格具有独特性，其实它更具有普遍性。

稻盛先生的"终极领袖论"让经营者发生了质变，让企业得到发展。以身示范，向我们展示出这一切的正是盛和塾的经营者们。学员们在进行自我反省的同时，依照稻盛先生所说的，"付出不亚于任何人的努力"，这给我们留下了深刻的印象。我们希望通过他们的奋斗来思考"什么是经营者"，从而为那些在日本各个角落奋斗的小企业带来活力。基于这一想法，我们编辑了此书。

第一章是对稻盛和夫先生本人的采访，第二章是盛和塾的七名学员的故事。然后在第三章中去试着思考"什么是经营者"。我们希望通过这本书，能让"什么是经营者"这一问题得到全社会更加深入的思考。

《日经企业家领袖》编辑部

目 录
|CONTENTS

第一章　稻盛和夫如是说

哲学的思考

我从年轻时开始就对人生和公司经营进行不断的哲学思考。在家里，除了专业书籍外，我阅读的主要是哲学宗教类图书，床头也堆放着这类书籍，在睡前都会读一读。

人生是怎样的？一个人应该有怎样的活法？这类哲学性的问题，我一直在思考。开始这类思考可以追溯到读小学的时候。

当我还是一名小学六年级学生时，住在鹿儿岛，我患上了肺结核。当时还处于战争中，这也是一场更大的悲剧。

在离我家后面不远的地方，住着父亲的弟弟也就是我的叔父两口子和一个还是婴儿的孩子。叔父也因为患上肺结核而卧病在床。作为兄长，我的父亲自愿去照顾弟弟，可是可怜的叔父还是去世了。后来，他的妻子也染病身亡。

不久后，父亲最小的弟弟也患上肺结核，在昭和二十年（1945年）的停战之年，于鹿儿岛遭到大空袭前也去世了。就在叔父卧病不起的那段时间，我也染上了肺结核。

于是周围的人们便开始说："稻盛家的肺结核是家族性的。"身边的叔父夫妇因为肺结核死了，最小的叔父也脸色苍白一病不起。人们当然就会想到，接下来就轮到我了。

有一天，住在隔壁的一位年轻太太来到我床前。她平时都会隔着门外的栅栏，轻声地对正裹着被子躺在榻榻米上的我说："和夫君，今天感觉怎么样？"

"阿姨正在读这本书，你也读一下吧。"

因为担心我，这位年轻妇人给我带来的是宗教"生长之家"创始人谷口雅春的书。

我阅读了这本书，那是我第一次接触宗教类图书。也就是从那时候起，我开始对宗教哲学产生兴趣。

后来我阅读了大量的哲学书籍。另一方面，在现实生活中，我遭遇到种种逆境，但是我并没有选择逃避，而是在不断地克服和跨越之中，磨砺自己的意志，确定自己的人生哲学。

提到逆境，例如我的大学生活和就职时期。原本希望走一条药学之路，参加了大阪大学医学部药学科的考试，结果却落榜了。由于不想再复习一年，于是选择了第二志愿的鹿儿岛大学，进入了工学部。虽然当时战争已经结束，可是我们家依然很贫穷，但我还是坚持上完了大学。当我把一部分奖学金交到母亲手中补贴家用的同时，也在不断地鼓励自己学习。没能考上自己第一志愿的学校已经成为一种动力，促使自己拼命学习。

没有钱，也没有任何娱乐，只有时间。因此每天都在用功学习，我的成绩非常优秀。因为自己患过肺结核，所以我一直有着这样的愿望，就是希望能到一家化学制药公司就职。老师们也给我打气鼓劲："稻盛君一定会进入一家一流公司。"甚至还帮我做推荐。可是，当时正值朝鲜战争结束，经济处于不景气时期，大企业也只会录取那些有关系的人，于是我的就职也就未能如愿。

如果当时进到了一家不错的公司的话，也许我将度过和现在完全不一样的人生，也不会在哲学上倾注更多的思考吧。或许就会希望出人头地，无论是做研究还是搞技术开发，都会在大企业的精英集团中努力工作。然而，我却不得不在残酷的环境中求生存。而且幸运的是，正是经受住这样环境的考验，才让自身得到锻炼，我才能学习到如此优秀的哲学思想。

我已年过八旬。如果我年轻 20 岁，现在才 60 多岁的话，那么我的青年时期将会是在社会安定、经济繁荣的时代里度过，只要足够聪明和优秀就能进入好的大学，毕业后就能进入好公司。

可这样的话，我就不会遭遇到苦难，即使学习哲学宗教，估计也只是啃了啃《论语》的程度吧。其实很多人对《论语》耳熟能详，但并没能体会到它的精髓。这是因为他们的人生中并没有哲学。你现在还能看到具有坚定的美好的人生观、价值观，并告诫自己的部下"应该选择这样一种活法"的上司吗？

而我之所以能做到，是因为在少年、青年时期甚至步入社会后，在人生成长过程中遭遇逆境，我开始探索哲学，并建立起自己的人生观和价值观。然后，将这些哲学运用于我的经营之中。虽然当时我也曾抱怨："为什么我要经历这么多的苦难？"可现在回过头来一看，我需要双手合十感谢上天赐给我这么多美好的逆境。

因此，作为人必须在直面困苦时不选择逃避，而是去正面接受，必须让困境成为自己成长的精神食粮。苦难，由于人们的对待方式不同而有正面和负面之分。

如果你现在身处困境，那就正面接受它，把它当作促进自己成长的营养剂，做出不输给任何人的拼死努力吧。我认为，日本的经营者，尤其是大企业经营者的哲学思考匮乏，这才是让日本企业停滞不前的主要原因。

意志的欠缺

今日日本所处的环境或许算不上很好。不过过往的任何时期，都会有一些不好的方面。除了全日本经济景气最佳的一段时期之外，其他时候普遍是时好时坏。

特别是对中小企业来说，几乎不存在环境良好的情况。来自外部的支持也不多。可是尽管如此，各位经营者不是与员工们一同努力，让自己的公司稳定下来了吗？所以，我觉得，没有哪家公司是因为外部环境好而经营得好的。

也就是说，如果经营者受到舆论所营造的氛围影响，也以"经济环境不好"为口实，那么其公司就会陷入停滞。

企业经营就如一辆安装了螺旋桨能够在空中飞行的自行车一样，如果不奋力蹬，它就会中途坠落。环境不好，这种意识就像某种作用力，把车子不断往下压。如果这时经营者自感"景气不好，不行了"的话，那就彻底坠落了。

这辆名为公司的自行车是时常浮在空中的。在低空中盘旋的是中小企业，加速运转往上飞的是中坚企业、大企业。中小企业往往会觉得"飞到这个高度就行了"，结果就一直待在那儿了。

中小企业离地面近，如果不拼命努力的话，很容易掉下来。这也许是宿命吧。经济不景气？作为中小企业的经营者，你抱怨有用吗？难道不该拿出更多的勇气去干吗？看不到前路？看不到就看不到。你只管奋力地蹬那辆自行车，让它转起来就行！

首先，总经理要努力蹬。不过一个人可能蹬不动，如果有五名、十名员工的话，那就让他们和总经理同心协力一起蹬。重要的是，总经理在认识到形势严峻、必须努力的同时，还要设法让员工们和自己保持一条心。

而且，只靠努力蹬是不够的，总经理还要思考应该怎样蹬才能做得更好、飞得更高。这些知识不是靠别人传授，而是要在所进行的工作中，从各种各样的可能性中探寻到。

这就是我们常说的有奋斗还要有创新吧！总经理要这样，员工们也要这样，只有上下一心，共同努力，才能让这辆自行车飞得更高。

但是中小企业普遍存在的问题是，尽管总经理已经意识到问题的严重性，发出了"必须努力"的号令，可员工们却不为所动，到头来就只有总经理一个人白忙活。如果总经理控制不住怒火的话，员工们就更加敬而远之了。本来应该上下同心协力的时候，却反而离心离德了。这种事并不鲜见。

我也曾有过这样的经历。

其实，我创办公司的初衷是"把稻盛和夫的技术推向社会"。

大学毕业后，在就职公司（京都的松风工业）我开展的研究非常顺利。我们受松下电子工业（现在的松下）委托，开始生产用于电视机显像管的部件。正当我专心致志地开展工作之时，日立制作所找到我，对我说："你能帮我们做这个吗？"

原来，日立在生产美国的 GE（通用电气公司）开发出的陶瓷真空管时，其中一个重要的部件在日本只有我能做，所以专程找到了我。我当然很高兴地接受了委托，可是由于技术难度高，开发工作一直进展不顺。

这时，公司的技术部长对我说："稻盛君，我们不可能做出这东西来的。"

松风工业虽然只是一家小公司，可技术部门中毕业于京都大学的人占了一大半。也许因为我是从不知名大学出来的吧，技术部长说："你就不要进行这项研究了。我们还有好些技术人员，交给他们负责吧。"

我一下子怒了，气愤地对技术部长说："啊，是嘛。那我就辞职吧。"然而，由于我所开发的产品正在不断向松下电子工业供货，以总经理为首的其他人开始拼命挽留："你要辞职的话我们可就麻烦了。"还提出了包括提高待遇在内的各种条件，可是男子汉一言既出驷马难追，我还是决定辞职。

那么，接下来我应该何去何从呢？

在这之前，公司来了一位从巴基斯坦来学习的人。他来自巴基斯坦的大城市拉合尔，是一家生产绝缘子的陶瓷公司老板的公子。他和我一同在研究室里工作了一个月。他在回国时曾对我说："我希望稻盛先生能来巴基斯坦。虽然我们公司现在是一位德国技术人员担任技术领导，可我还是希望稻盛先生来做。"

虽然当时我拒绝了他的邀请，可现在因为和上司发生了争吵，自己已经从公司辞职了。于是在给他的信里写道："我现在可以去吗？"得到了"乐意至极"的回答后自己也放心了，我当时已经完全做好了去巴基斯坦工作的打算。

可是，我把这件事告诉曾经的上司后，他强烈挽留："稻盛君，你之前在日本的这些努力，不就白费了吗？"这位曾经的上司拜托他在某家公司担任董事的大学同学："我这里有个非常优秀的青年，你能不能投资一笔钱？"

而且，当我把将要去巴基斯坦工作的事告诉了在鹿儿岛大学时对我照顾有加的老师后，他也对我进行了挽留。这位老师从东京大学的电气化学专业毕业后去了中国，利用鸭绿江发电获得的电力建造了一座大型化学工厂，是一位非常了不起的人。战后回到日本虽然遭到清洗赤色分子的影响，但是后来担任了鹿儿岛大学的教授。这位老师也好几次来京都找我，对我说："稻盛君，你不能去巴基斯坦。你之前所做的研究非常出色，就应该继续留在日本。"

而且他们还表示愿意为我创办一家公司。也就是说，我从一开始并没有打算独立，只是偶然的争吵导致从公司辞职时，得到各位热心人士的支持才创办的公司。由于我身无分文，公司资本金 3000 万日元、贷款 1000 万日元全部都是大家帮忙筹集来的。

在当白领的时候，即使你有很好的技术开发，但是由于公司内的派系斗争，你仍可能得不到认可；但是在自己的公司的话，就没有这方面的担心了。虽然自己曾被技术部长数落："你不行！"可在自己的公司里，我就可以放下顾虑，大展拳脚，让我的技术转化成产品。"让稻盛和夫的技术问世"，这就是创业初期，我经营公司的目的。

不过，当我的公司第一年录用 20 名初中毕业生、第二年录用 11 名高中毕业生，公司员工达到数十人的规模后，员工们也开始向我表达各种不满和不安了。例如，刚建立的公司连食堂什么的都没有，这样的公司还有未来吗？

这时，我突然意识到，如果一家公司所录用的员工一直诉求"请保障我们的未来"，这会是一家好公司吗？

我当初以"让稻盛和夫的技术问世"为初衷创立公司，现在看来一钱不值。我意识到，公司最重要的就是要让

"身在其中"的员工们感到："能够进入这家公司太好了。我未来的生活有保障了。""让稻盛和夫的技术问世"是员工们安居乐业后水到渠成的事，它并不是目的。基于这一想法，大概是在公司成立的第三年，我提出了"追求全体员工物心两面的幸福"的企业理念。

对 JAL（日本航空）进行重建时，我也提出了这一理念。担任会长后，我对 JAL 的各位干部员工们这样说道：

"经营公司必须具有良好的哲学。具体来说就是'追求全体员工物心两面的幸福'。要让破产的 JAL 重获新生，唯此一途。在资本主义社会，虽然公司以追求股东利益最大化为经营目的，可是在纽约上市的京瓷公司，时至今日仍然保持着这一哲学理念，没有改变。我希望 JAL 也能这样。让我们秉持这种哲学、思想团结在一起吧！"

就这样，我以我的经营哲学做了开场白。

JAL 之前被称为"国家舰队"，董事在公司内地位显赫，可以说是一家由精英集团控制经营的公司。员工们相互猜忌、疑神疑鬼，谁都不相信公司会为员工们考虑。

当时的 JAL 可以说是处于临死的边缘，带着与他们截然不同的价值观，我去了那里。除了 JAL 工会里的那些思想僵化的领导以外，包括关联公司在内的 JAL 3 万多名员工中，百分之九十几的人都对我的理念感到惊愕："新来的会长竟然说要以全体员工的幸福为目的来经营!"

当然,我的理念并不是马上就得到了大家的理解,或许一开始还持有怀疑。可是,我自己说也许不合适,我要让大家看到,那个高举着这种经营理念,从早忙到晚、马不停蹄的是一个年近八旬的老头子,而且他还不要一分报酬!

对于稻盛和夫这样一个老头子来说,JAL变好变坏与他毫无关系。可是我每天总是与员工们恳谈到深夜,还召集干部开办讲座,告诉他们经营应该怎样去做。

也许我的这些一言一行触动了许多员工的心吧。我在与乘务员交流时,大家都以非常亲切的笑容迎接我,其中也有许多人含着眼泪认真听我讲话。你知道,为了保证飞机的安全飞行,一颗螺丝钉都不能掉,但是这里却存在着许多浪费。于是我穿着工作服到地勤车间去,拼命地向地勤人员灌输:"我们带着这么多的重机械为飞机的引擎做维护,这是非常重要的工作,但是不能因为重要就花钱无限制。"就这样,我这个老头子不知疲倦地向他们灌输新的价值观。员工们的价值观的改变,我想很多是迫于无奈,不过这虽然不是他们有意识地改变,但从结果而言却是非常完美。

渐渐地,员工们也开始把JAL当作自己的公司,拼命工作了。与此同时,公司从上到下,大家在各自的岗位上开始反省，他们认识到以前是何等浪费，管理又是何等的粗放。就这样，并不需要谁去发号施令，员工们会自发地努力工作，积极创新，这就带来了奇迹般的业绩回升。

只要肯努力，我这样一个老头子都能改变几万人的想法，中小企业的经营者们难道就不能让 20 名、30 名员工成为自己的伙伴吗？

经营者有责任守护和发展自己的公司。为什么呢？因为公司里还有许多员工，为了保证员工们的生活你必须守护公司，并让公司得到发展。这才是经营的目的。说得更极端一些，经营者承担着这样的使命，那就是为了让员工们生活幸福而必须守护公司、发展公司。舍此没有其他。

可现实中却有许多经营者以为"赚到的都是自己的"，自己过着奢侈的生活，付给员工的却是少得可怜的薪水。如果员工这样想："稻盛不过是为了繁荣自己的家业才雇佣我们的""我们不过是来给社长赚旅游钱的"，那么这家公司怎么做也不可能做好。

因此经营者要对员工们说："各位，我并不是要赚钱。今后我会将公司的经营内容全部公开，要让大家能在这个公司里愉快工作。"以此来凝聚员工们的力量。我们要对员工们说："今后无论取得多小的成果，都会和员工们分享。"以此来改变公司的宗旨。我们要对员工们说："我们经营公司不是为了私利私欲，而是创造员工们的幸福。"以此来改变员工们的思维。为此,员工们也不再是受雇佣者,而必须是工作的搭档、伙伴。经营者通过这些努力,如能集合全体员工的力量,那么公司何愁没有业务?

或许有人会心灰意冷:"车床已经不适应今后的时代需要了,没有价值了。"可是只要不断磨砺自己的技术,车床仍能加工许多东西,只要去找活儿干,周围城市的很多中小企业会交给你订单的。

任何公司都有自己擅长的领域。例如,在人寿保险公司,每年都会对签约量第一的员工进行表彰。然而每年第一名几乎都是同一人。我认为没有比人寿保险更难卖的商品了。因为只有自己死了之后才能拿到那笔钱。生病的时候也许有一点赔付,但基本上你只是把钱付给别人而已。

可即便如此,签约数第一的人每年的业绩还是相当可观。他一定是下了功夫,而且笑容也一定很灿烂吧。比如拜访潜在客户时,为他的孩子带去一点点心之类的,他一定动了很多脑筋。这样的人从公司离职创办中小企业,不管他以前是销售人寿保险的还是化妆品的,他都能成功,与经济环境的好坏无关。

如果自己没有什么长处,只要能有不输给任何人的努力,也能取得成果。比如,如果现在让我和几名员工一起开一家拉面店的话,我一定能把这家店办得红红火火。不管是开拉面店也好、开乌冬面店也好、开任何其他店也好,只要肯在创意上下功夫和努力，一切就都会变得简单。但是，如果你既不愿下功夫，又不能提高员工们的积极性，那会怎么样呢？说得不好听一点，你是什么也干不成。

如果是我来开拉面店的话，最初的一两年我会找一家味道好的拉面店去打杂。从早到晚洗碗之类的什么都干，一边工作一边拼命地盯着老板，偷学他的手艺。一个月后，我又换到另一家拉面店，再去偷学手艺。换过十家拉面店后，大致能琢磨出什么样的做法能做出这种味道了，那时再找一家便宜的铺子努力做拉面就行了。

我对任何行业的中小企业都很有兴趣。如果让我来干的话，我很快能够赚到钱。当然也可以把买卖做到国外去。中小企业的客户如果发展到国外的话，一定会被客户要求"你们也在国外生产给我们供货吧"。如果想要进军国外的话就不能半途而废，而是一个猛子扎进去，要做就做彻底。

京瓷公司在公司成立的第十年时在美国设立了据点。

我们生产的并非是大众化产品，而是当时仍然属于特殊材料的陶瓷，客户也都是东芝、日立制作所等大型电机厂家，而且还仅限于它们的研究部门。可我们还是努力扩大销售，当时我们一个劲儿地向他们推销："这是我们公司开发的具备这种特性的材料，可以使用在贵公司的这种研究中。"但是因为我们是家很小的企业，日本的大企业不会轻易采用我们的产品。

当时我们以为，在美国的话也许能够获得比较公正的评价，于是我们开始面向美国推销。一开始销售并不好，我和会英语的同事拼命开发客户，当时也正好是半导体产业蓬勃发展的时期，于是开始收到各种订单。

由于工作量增加，我们在加利福尼亚州的圣迭戈收购了一个工厂，有了属于自己的生产据点。我挑选了五六名技术人员，从京都派到美国工作。每两个月我都会去美国拜访一次客户，顺道去工厂看一下，可是一开始生产进展得并不顺利。

从日本过来的员工遇到了语言和生活习惯上的问题，无法和美国员工进行良好的交流。当时"二战"结束还不久，圣迭戈又是美国海军和海军陆战队的基地，有许多美国员工还参加过冲绳海战，也许是他们对在败给自己的日本人手下工作感到很不爽，因此一有冲突，就会说："日本猪！"

为了安抚员工们的情绪，我邀约他们周末去钓鱼。我们从圣迭戈港口出发，在近海钓到了许多梭鱼。然后带回去给大家做了生鱼片，一边回忆着当年的趣事一边愉快地用餐。

可是一周左右我又必须回日本。员工们到圣迭戈机场来送我时，有人还因为想念日本而哭了起来。我只能鼓励他们坚持。

我和员工们可谓劳心劳力，惨淡经营，但是我们都为此付出了巨大的努力。想要海外事业获得成功没有捷径可走。一旦决定走出国门，就必须做好准备，坚定地走下去，剩下的就是拼命努力了。在走出国门前，想出一大堆的问题来也无济于事。我们不要轻易地贴上"不行"的标签，而是不顾一切地去尝试。

我们人类经常会思考各种各样的事情。可是，我认为这些思考大部分都是妄想。

眼前是一面绝壁，人们会想到这是无法突破的。可是实际上那不是绝壁，而是裱糊的一张纸而已。年轻时，我经常会对技术人员们说："为什么你们会觉得无法突破呢？吐口唾沫看看，是一张纸的话就会开个口子。连这都还没有做就放弃了，那怎么行！"像这样的例子太多了。如果挡在我们面前的真的是一块岩石或钢筋混凝土，只需要去思考应该如何攀登就行了。也就是说，首先，你必须要去尝试。

今天日本的制造力似乎不行了，其原因就在于企业的领导出现了问题。

其证据就是韩国的三星和LG，他们录用了大量的从日本企业退休的技术人员。其实日本制造的生产现场，品质并没有降低，只不过管理者是那些不愿劳心费力的精英集团。他们都毕业于美国的商学院，只懂一些理论和技巧，对生产制造却一无所知。就是这样一些人被我们当作优秀人才，委以管理重责。

生产制造本来就是接地气的活，管理者不去听取那些在生产现场流血流汗、制作出优质产品的人的意见，是不可能做好经营的。经常推出畅销品的美国苹果公司虽然自己并不生产产品，可他们却总是在产品设计上殚精竭虑，不断创新。

苹果产品的组装是在中国完成的，而且还使用了大量日本厂家提供的部件。这说明日本具备相当的技术实力，但是日本没有像苹果公司那样策划和整合商品与服务的人才。

日本的制造力丝毫没有衰败。只要大企业里有了能像中小企业主那样咬紧牙关、不懈努力的经营者，日本的经济就会好转。现在的问题只不过是经营者的意识改革的问题。

中村天风（思想家）曾说过："新计划之成就只在不屈不挠之一心。如此则可集中心力，胸怀大志，全力以赴。"就是说要想实现新计划，就要有不屈不挠的精神，无论面对何种困难都不放弃，要有前途一片光明的信念。否则的话，新计划也就无法实现。

这是真理。我在年轻时就读到过中村天风的这段话，并在公司内部制作成了标语。在重整 JAL 的工作中，我又将这段话张贴了出来。我要告诉大家，如果想要公司复兴，就必须努力，努力，再努力！

现在的大企业经营者们缺乏的就是这些东西。什么经济不景气啦、什么我们公司没有这种技术啦，简直胡说八道！没有才是理所当然的嘛。当今日本的低迷不振，原因就在于这些企业领袖们欠缺坚强的意志。

大义

人都是心有所思才有所动，谁都不会去做没有想过的事情。动机的基础就是欲望。欲望是人类本能中最具力量的。人们常说在创业型经营者中，这种自我欲望非常强的人居多，我是认同这句话的。创办公司、开展经营，这需要具备比普通员工更多的能量和努力。我认为即使知道会存在一定的风险，依然想要去尝试的动机就是欲望。

许多人一开始是抱着"我要当个经营者赚钱"这一私欲创办公司的。尽快赚钱、当个有钱人，这种强烈的欲望成为他们的驱动力。即使有些人私欲表现得不那么强烈，但在他们创业的基本动机中还是有的。

然而在这种私欲下驱动的事业，一心只是想着"赚钱、赚钱"那会怎样呢？当公司赚钱、自己也赚钱这种私欲膨胀之后，由于过度追求欲望，你就一定会摔跟头。例如，你会被一夜暴富的故事所忽悠，也可能上当受骗。欲望让你成功，欲望也把你毁灭。以欲望为动机，你的人生将波浪起伏，险象环生。

那么我们应该怎么做呢？有一件东西可以替代欲望，

那是另一种动机，它能打动人心，使人甘冒风险也愿付诸行动。那就是当人心为大义所感化的时候。比如，"为了社会，为了他人"。这句话也许比较抽象，你可能不会认为它能成为人们行为的动机。

这里，我讲一段自己的经历吧！

在我创办第二电电（现 KDDI）前，日本国内的电话业务是被电电公司（日本电信电话公司，现 NTT）一家公司垄断。因此，通信费用居高不下。因为美国有京瓷的子公司，我们在美国国内也经常拨打长途电话，可美国的电话费却便宜得惊人。

有这样一个笑话。我到位于西海岸的圣迭戈工厂时，公司的员工给纽约打了长途电话。

"你在给哪儿打电话？"

"我在给纽约的分店打电话。"

"你已经打了 30 分钟了吧。电话费要花多少呀？"

"没花多少。"

"说什么呢。把明细单给我看看。"

我看了明细单，的确没花多少钱。那时我经常去东京出差，使用公用电话给京都打电话时，为了中途不断线，经常会在电话机旁准备一堆堆积得像小山一样的十日元硬币。因为电话费太贵了，大家都是这样做的。

日本和美国之间居然存在这样巨大的价格差。我觉得信息化社会已经到来，不能再让电电公社一家垄断了。也就是从那时，我们逐步开始了通信自由化。虽然我们期待能够通过营造竞争环境让通信费用变得便宜，可是在当时营业额达 5 兆日元的巨大的电电公司面前，日本的大企业都缩手缩脚，谁都不敢想去成立一家通信公司。哪怕是组建一个联合体，只要能够和电电公司对抗就行了，可是谁也不愿站出来。于是，我决定自己干。在京瓷的董事会上，我这样说道：

"接下来，我想牵头成立一家和电电公司对抗的公司。各位或许会觉得我像堂吉诃德。销售额只有两三千亿日元的一家京都中型企业京瓷想要和大企业进行对抗，简直是疯了。我知道这样做是疯了。京瓷现在在银行有 2000 亿日元的现金存款。如果创办第二电电累计出现 1000 亿日元的亏损，我就收手。京瓷会损失了 1000 亿日元，但还有剩下的 1000 亿，这种损失对公司毫无影响。这 1000 亿日元或许会打水漂，可是我却希望能从社会正义的出发点来做这件事。放心，我不会把公司搞垮的。"

这就是为了社会，为了他人。正是想让通信费便宜些这一念想，让我掌握了大义。于是大义代替了欲望成为我的动机。在给自己鼓足勇气，勇敢地面对困难和风险的心理状态中，最原始的是欲望，随之而来的就是大义。虽然我认为在大义的驱动下创办公司是最正确、最理想的，可大多数创业者却是由欲望开始，而且许多人的欲望都很强烈。

不过，不管动机源自欲望还是大义，事业开展起来后就必须拼命投入和做出自我牺牲，这一点是相同的。巨大的成功同时也伴随着巨大的自我牺牲，细小的成功也伴随着细小的自我牺牲。讨厌自我牺牲的人无论做什么都不会成功。所谓自我牺牲，既有金钱方面的，也有时间方面的，比如你得拼死努力，以至于无法顾及家庭。自我欲望强的人想要成功，可也必须相应地做出自我牺牲。虽然不是减少个人欲望的自我牺牲，但终究在时间上做出了牺牲。总之，没有自我牺牲就不会成功。

创业与发展是何等艰辛！年轻时我也曾遭遇各种困境，也曾想到过放弃。在独自一人时，我也曾经常想过："如此艰苦，还不如辞掉总经理吧！"然而，每当闪过这个念头时，内心里又会告诫自己"这样可不行"，促使自己奋起。一个人所从事的工作艰辛，责任重大时，只要他不是一个非凡的哲人，就难免会心有抱怨。抱怨本身并非什么坏事。

可是，经营者决不能在部下面前抱怨，也不能在家人面前抱怨，而只能是夜里独自一人时才能抱怨。因为经营者会给自己身边的人带来非常大的影响。经营者自身的不安与动摇被周围的人看见，就会产生动摇与风波，这绝非什么好事。

看来作为领导者，必须要有积极的心态。所谓积极是指开朗、正面、强势。亲切、美丽也具有积极的意义。开朗美丽的心灵，体贴他人的亲切，这些都能让经营者内心变得强大，这样的人只要带着信念去努力，就一定能够成功。

我经常鼓励盛和塾的学员们说："当你认为不行了的时候，那才是开始。"可我自己却从未想过"快不行了"。"我不干了"这句话并不是因为觉得"快不行了"，而是为了消除压力才脱口说出的话。这既是安慰，也是鼓励。我从未走到"快不行了"的地步。因为在发展到这一步前，我就会想方设法，竭尽全力。虽然我鼓励一般人时会说："当你认为不行了的时候，那才是开始。"可真的到那时就晚了，必须在这之前就采取措施。

消极的想法，例如当你遭遇不安，或者内心里感到郁闷不平之时，如果你真的在内心里感到"或许已经不行了"，那么事情就真的不行了。这不仅仅是我，而是许多哲学家和思想家所说的真理。抱怨也是负面思想的一种。尽管告诫自己不要抱怨，但是有时还是禁不住会抱怨，这是没有办法的事；独自一人时冒出甩手不干的念头，那也是没有办法的事。只是，在你抱怨之后，还必须告诫自己："不行，这样不行!"以此来促使自己重振精神，努力奋起。

我27岁创办公司，30多岁、40多岁都还会有抱怨，可是到了 50 岁后，不知怎么的，我就不再抱怨了。我 50 多岁时创办了第二电电，设立稻盛财团，兴办盛和塾。在创办这三项大事业的同时，我还兼任着京瓷公司的总经理。这三件事都是为了社会，为了世人，并不是为了自己的欲望。大义给 50 岁的我带来了动力，依然燃烧着强烈的斗志。

可是，在担任 JAL 会长初期，我并未感受到大义。当被委托负责公司的再建工作时，我认为这并不是自己的责任。因为所处的行业完全不同。我一直从事的是制造业，创办第二电电虽然让我有了通信行业的经验，可面对航空运输业，我完全是个门外汉。我回绝他们说："我是门外汉，不能胜任。"

可是企业复兴支援机构的人已经制作了复兴计划。当时的国土交通大臣前原诚司和民主党的各位反复央求我："虽然我们有了再建计划，可如果没有一位优秀的领导者是不会成功的。因此希望稻盛先生务必接手。"这让我无法拒绝。

从那时起，我才开始思考这件事的意义何在。首先，如果再这样下去的话，JAL 一旦第二次破产就会给已经持续低迷的日本经济更大的打击。第二，大部分员工会根据《公司更生法》遭到辞退，如何保证这 32000 人的雇佣是一件社会大事。第三点，如果 JAL 因第二次破产而消失的话，日本的大型航空公司就只剩下一家。对于作为竞争受益者的国民来说，垄断绝非好事。

因此，JAL 有继续存在的必要。既然意识到了这三点，那就必须成就这三点。因此尽管信心不足，我还是接受了他们的邀请。我当时年近八旬，时间不多，也无法保证全勤。我就对他们说，每周只十三天，因为是临时雇佣，所以我也不要工资。就这样，我接受了 JAL 会长一职。

从一开始并未感受到大义这一点来看，这和创办第二电电时不同，可以说是被逼上梁山，可既然在接受委托的瞬间，我感受到了大义，那我就会拼死努力。这就是我当时的想法。

和自我意识战斗

日本战败后，很多人开始创办企业，取得了成功。我的公司是在昭和三十四年（1959 年）设立的，可以说是战后创业型企业的 1.5 代。创业时我刚 27 岁，距离战争结束仅仅 14 年。

我对优秀的经营者究竟是怎样经营企业的非常感兴趣。当时，在关西，松下幸之助经营着松下电器。年轻时的我对松下先生非常崇拜，读过很多松下先生的书，也想模仿他的经营。事实上，我是追随着战后的创业型经营者的足迹，才一直走到今天的。

遗憾的是，尽管公司能从战争的废墟中兴起，并不断取得成长，但创业者一直让企业保持良好状态，并让自己能功成身退的实例非常少，甚至不少公司破产倒闭。或者尽管公司尚存，但由于创业者自身出现很多问题，被迫辞职甚至遭到公司驱除的案例也不胜枚举。

既然能让创业型公司取得成功和发展，想必创业者应该有出类拔萃的才能，但过了十年、二十年、三十年以后，创业型经营者的人生风光无限的例子却非常少。每次看到这种情况，我都深感遗憾。原本可以度过美好人生和晚年生活，却导致如此结果，不免让人扼腕叹息。

为什么会这样呢？我想应该有这样一些原因。

在创立公司时，没有谁会对经营有信心。最初只是忘我地投入。自己继承父辈或祖辈创立的公司的情况也是如此，他们每个人都是谦虚谨慎、勤勉努力。他们有一种必须保护好员工的强大使命和责任感，身先士卒，忘我牺牲。在这过程中，公司不断发展壮大，成长为优秀的公司，利润也随之提升。

就我个人而言，我自己是身无分文，朋友们看到我对技术和工作的一腔热血，出资 3000 万日元为我创立了公司。因此我想决不能辜负了各位股东的期望，自公司成立之日起就每天非常拼命努力。我总共有员工 28 名。其中 8 名是我之前任职公司的技术员，有 20 名从初中毕业就参加工作的应届毕业生。当时的我们虽说对产品的开发和制造很有自信，但对经营却是一无所知。另外由于对营销和会计的部分不甚了解，所以我在这方面也花费了巨大的努力。幸运的是，在公司创业十年后，我们已经取得了数十亿日元的利润。

那时，我的年薪是 300 万日元。我当时想：

"公司能有如此好的效益，多亏我拥有的技术。我废寝忘食，没日没夜地拼命努力，创立了一个有数十亿利润的公司。想想看，怎么看都觉得不划算。即使月薪 1000 万日元，一年也只有 1.2 亿日元。数十亿的利润都是我创造的，拿那么多也是应得的。"

当时，这种不逊的念头在大脑中拂之不去。你可以为了员工和股东而拼命努力，但一旦面对利益，你这个人就会发生变化。因为每个人都具有的私念会不断膨胀。

随着京瓷的发展壮大，有人提议公司到大阪证券交易所上市。多家证券公司对我说："让我们担任上市的主承销公司吧！如果能让我们担任主承销，我们会开出很好的条件的。"而且众口一词地表示：

"稻盛先生是创业者也是大股东。股票上市可以把持有的股票在市场上卖出上市，也可以发行新股，将新股在市场上卖出上市，还有就是同时执行这两种方法。稻盛先生在创业时呕心沥血，历尽艰辛，培育出了这样一家优秀的公司，而公司上市则是您作为创业者获得利益的最好机会。上市时，应该将您所持有的股份在市场上抛出一部分，并同时发行新股上市。"

所有的证券公司都表示，我将获得几亿日元的收入。这是平日里总是担心公司会倒闭，总是在如履薄冰的状态中拼命工作的自己，从未想过的大笔财富。对于年收入仅仅数百万日元的我来说，几亿日元的巨额财富无疑是一种诱惑。只要是人，就一定会被这样的诱惑所吸引。

然而，经过仔细思量，我总觉得这件事不可行。我觉得这可能就是恶魔的呓语吧！于是我这样向证券公司的人询问道：

"卖出自己所持有的股份当个大富翁，这并不符合我长久以来的想法。我想只发行新股，以此来充实公司的资本金，你们觉得怎么样？"

几乎所有的证券公司都反对："呀，这种方法实在是很少见。因为您既是创业者也是大股东，将您所持有的股份在市场上卖出是很正常的。"

可是，有一家证券公司的常务董事发表了不同意见。

"您的想法太了不起了。我认为这样做是正确的。"

于是我选择了这家证券公司作为主承销，京瓷上市了。我所持有的股票一股也没有流入市场。我意识到这次的决断是我的人生能够一直走在正道上的基础。我并非圣人君子。正如前面说到的，和公司的利润相比，我的薪水很少，我也和普通人一样，觉得自己应该可以得到更多的钱。

我曾读过某张报纸上的名为《读书日记》的小专栏，深受感动。

那是女演员岸田今日子女士的文章。心理学家河合隼雄阅读了伊斯兰文化研究者、哲学思想家井筒俊彦的书，将这件事写进了自己的书里。而岸田今日子女士又阅读了河合的书，将感想写下来投给了《读书日记》。

井筒先生喜欢独自冥想。根据井筒先生所说，冥想后意识会陷入静寂，虽然能够意识到自己存在于宇宙之中，可其他意识则全部消失，你只能感觉到处于一种难以言状的"唯我独在"的世界之中，

同时，你还会感觉到周围的森罗万象都如同自己一样，也是以一种无可言状的"存在"来构成的。井筒先生在书里这样写道，人们通常会说"这里有花"，可在这个世界里，如果表述为"存在的是花"也毫不足奇。

河合先生阅读了井筒先生的书，在自己的著作中写道："你，感受到花吗？我只感受到河合。"而岸田女士读后，觉得写得非常棒，于是给《读书日记》这个专栏投了稿。

借用井筒先生的话，我们全体人员都是世界上的同一种"存在"，只不过是变了模样。同样的"存在"，你是一朵花，我是一个人。包括非生物在内的森罗万象都是"存在"的呈现。

那么，既然都是存在，为何才能有差别、相貌有不同，所有的东西都不一样呢？我觉得这就是自然界，不，这就是创造自然界的造物主认为地球上的生存必须要有多样性。如果没有多样性，就无法构成社会。因此，造物主才向这个世界创造了相貌不同、性格不同、才能不同的人。

可是，我却满脑子都是这些念头：是我创业、是我拼死拼活把公司发展壮大获得数十亿日元的利润，这些都是

我干的，是我的才能我的技术我的废寝忘食才可能做到的。可是我的收入才区区 300 万日元，这太不合理了！作为创业者，将股份卖掉获得数亿日元的巨额财富，这是理所当然的。我的脑子里只有"我、我"。也就是说"我"这个特别的人是顶着"稻盛和夫"的名字和才能，降生到这个世界上的。

以前是美国最先开始使用单晶硅晶体管（半导体元素），然后又发展为使用硅制作 IC（集成电路），现在已经进化为超 LSI（大规模集成电路），半导体产业开始蓬勃发展。而我们提供超 LSI 中使用的陶瓷片。于是以英特尔为首，硅谷优秀的半导体厂家的研究者们开始频繁造访京都，迎来了一个要求我们与之合作的时代。我认为我为半导体的蓬勃发展做出了极大贡献，京瓷之所以能够获得如此巨大的利润，毫无疑问是因为我所具备的才能。

可是，阅读了岸田小姐的专栏后，我的思想发生了改变。半导体行业的蓬勃发展需要某个人的"存在"。这个存在只能由某一个人来扮演，而这个人正好是"稻盛和夫"。"A 先生"也好、"B 先生"也好、"C 先生"也好，如果其他的存在与"稻盛和夫"具备相同才能，那么那个人也可以取代我。如果这个推论成立的话，那么我也可能是一介普通白领。

也就是说，我们所生存的人类社会，就像是一部恢宏壮阔的戏剧，而在这幕戏里，我偶然承担了创办京瓷公司的任务，并扮演了京瓷公司总经理这一角色。然而，"稻盛和夫"并非必要，只要有人能够扮演这个角色就行了，而这只不过是偶然选中了我。其实我也好、"A先生"也好、"B先生"也好、"C先生"也好，可以说大家都是相同的"存在"，我们是为了让社会具有多样性而带着各种才能来到世界上，我只是偶然被赋予了这样的才能，担任起了这样的角色而已。

现在我只是在半导体的进化中偶然担任了主角，在明天的剧目中，也可以由其他人来担任主角。然而，我们有时会说"我、我"，我们就应该察觉，这时我们的自我意识正在膨胀。

我们不能将自己的才能、能力私有化。自己的才能要用来造福世人、造福社会，这也正是上天让我存在的理由。如果这些才能被用来谋私利的话，就会受到惩罚。我一直认为自己是偶然被上天赋予这些才能，偶然负责经营京瓷公司并认为自我意识膨胀会让自身破灭。由此我开始了与自我意识不断战斗的人生。

印度思想家泰戈尔曾在诗中这样写道：

我独自去赴幽会。是谁在暗寂中跟着我呢？我走开躲他，但是我逃不掉。他昂首阔步，使地上尘土飞扬；我说出的每一个字里，都掺杂着他的喊叫。他就是我的小我，我的主，他恬不知耻；但和他一同到你门前，我却感到羞愧。[1]

泰戈尔在诗中描绘了一个丑陋的自己和一个纯洁光辉的自己。

我只得到300万日元，难道就不能拿1亿日元的年薪吗？就在我自己内心嘀嘀咕咕的时候，自我意识也曾反复大声地对我说道："那是你该得的！去拿1亿、2亿的薪水吧。"像这样一个不知耻、卑劣的另一个自己，存在于每个人的心中。

英国哲学家詹姆斯·艾伦曾这样说道：

人心犹如一座花园，它既可能得到知性的耕耘，也可能衰败荒芜。但无论精心修葺还是废弃不理，它都会生长出某种结果来。如果不播下有益的种子，那么野草将疯长蔓延，占据整个花园。[2]

如果不精心打理，自我的杂草就会丛生，内心就会被自我意识所占据。如果不自己亲自去拔掉杂草，开垦，然后种上美丽的花草，也就是说不去撒下良心、真我的种子，精心培育的话，内心就会杂草丛生。艾伦告诉我们，即使不大意、即使没有任何放松，内心也很容易被自我意识的杂草填满。

此外，因为我是九州萨摩地区的人，从小就经常学习领导明治维新的西乡隆盛的话。我认为如果没有南洲（隆盛）这样优秀的人成为新政府的领导者，日本就会没落。他曾说过"立庙堂为大政，乃行天道，不可些许挟私"，"爱己为最不善也"。

所谓己，就是拥有卑劣自我意识的自己。地位高于他人之人，必须要做出自我牺牲，要为集体做出贡献。如果他首先关心的是自己，是不行的。领导者如果不能舍弃自我，就无法带领集体走向幸福，这就是南洲一贯倡导的无私精神。

明治维新的功臣们在新政府中权位显赫，但南洲却深感悲哀。因为许多仁人志士不惜牺牲生命，推翻幕藩体制，并不是为了那些功臣们身居华堂，衣着光鲜，生活奢靡。南洲带着悲伤之情回到萨摩，后战死于西南之战。此外，明治维新时期曾去欧美考察，回国后创办近代产业的福泽谕吉认为企业经营者、实业家应该：

"思想之深奥如哲学者，心术之高尚正直如元禄武士，再辅之以小吏之才、平民之体，始可成实业社会之大才。"

实业界的优秀人物、杰出英才，首先要像哲学家一样具备深远的哲学思想，还要努力让自己掌握这些哲学内容。

这里所说的心术高尚的元禄武士是指历史上的四十七武士，忠臣藏。还要像小官员一样机敏，精于算计，因此要具备小俗吏的才觉和商业才能。再加上健康和努力。只有这样才能成为实业界的大人物。

我年轻时就阅读过这篇文章，经营者不应该只追求利益，无论什么样的学者都应该或多或少地了解一些优秀的哲学思想，如果不能将自己培养成一个心术高尚的人，其所在的集团就会遭遇不幸。

佛教中，佛祖也曾说过人是固执之物，只要内心稍有松懈，就会被欲望填满，因此教导人们"要知足"。不能有"我、我""还要，还要"这样的想法，让欲望毫无止境地膨胀。

你看，不论是伟大的哲学家，还是伟大的宗教家都一致指出内心中的自我意识是让人行差踏错、陷入不幸的源头。我们努力的同时，每天都需要反省再反省，不能让这份傲慢的、不知耻的自我意识支配自己的内心。

创业经营者大多有一股好胜之气，也就是具有侵略性。同时，欲望也比普通人强一倍。如果这样的人将自我意识放任不管的话，那么这份自我意识就会无限地纵容自己，欲壑难填，好不容易建立起来的优秀公司也会走向衰败。

我们必须认识到在自己心中，同时存在一个良心的自己和一个自我意识的自己。换句话说就是我们人类的心里同居着一个纯洁的真我和一个卑鄙的自我。良心和自我意识、真我和自我每天都在我们的心里争斗。在争斗中，被自我意识支配内心的人就会晚节不保，企业衰败，自己的人生也陷入惨境。为了员工、为了员工的家庭、为了股东、为了客户、为了给公司供货的供应商、为了区域社会、为了国家，良好的经营显得尤为重要。因此，经营者如果输给了自我意识，那就麻烦了。

即使是说得这样了不起的我，也是在自我意识和良心的争斗中挣扎，只要稍有松懈，内心就会被自我意识填满。今天所发的誓言明天就会丢在脑后，回归本来的自己，放纵自己的行为。自我意识中充满的是物欲、名誉欲、色欲。面对各种情况都认为"要对自己好"。因此，我们必须要知道节制，这样才能将自我意识搁置一边，守护好公司。

育人

中小企业的经营者必须努力经营。当然或许也有经营者把工作全部交给部下，自己游手好闲。可大部分人都很努力。

然而，试想一下，如果真的全靠自己拼尽全力地去经营，对经营者来说，不是太过辛苦了吗？他们要担负起全部责任。越是靠自我努力去经营的人，所感受到的责任就越大。或许他们已经不堪重负了吧。

感受到强大的压力，肩负起责任认真工作的经营者们，一定希望能有和自己一样带有责任感、能够帮助自己经营公司的部下吧。至少我是这样认为的。

我曾经从研究开发、技术改良，甚至像营业员一样去给客户介绍陶瓷性能，当时真的是任何事都亲力亲为，忙得恨不能像孙悟空一样拔几根毛发一吹，就出现几个替身来。这并不是玩笑，我当时就希望能有和自己一条心，能够帮我分担经营公司重担的人。

于是我对公司的组织结构进行了细分化，希望能培养起具有责任感的人。组织单位细分之后，各单位部门的收入少了，但是投入的钱也少了。这样结算也简单明了。也就是说，即使没有相应的知识和经验，只要肯下一点功夫就能理解，投入是多少，产出是多少，剩余的收益又是多少。我在这些部门里安排一个负责人，提供一些指导之后，"你可要好好干呀！"把工作委派出去。这样一来，经营者意识就萌芽了。

这种做法很难在中小企业推行，其原因是经营者虽然具有经营意识又有领导才能，但是员工们却不是同一条心。员工们认为自己是能拿到这些工资才应聘进入公司的，只要在工作时间做完工作就好了，根本没有闲心去关心公司到底赚了多少。

这或许是被雇佣者的本性吧！因此怎样才能将这些和自己利害关系相反的人凝聚在一起，进而创造收益，这才是经营者的真功夫。

将组织细分化，进行经营训练后，员工们的意识就会与经营者接近。如果他们在每一个小部门中肩负其职，你就会发现一种游戏般的乐趣。销售收入增加了多少，成本花费了多少，结余利润有多少，这些就跟游戏一样有趣。就是在这种游戏感觉之中，员工们的经营意识萌发，主人翁意识也坚实地培养起来了。

当一个员工只是一个普通的打工者时，即便公司存在浪费也会不闻不问，但当他有了经营者的意识时，就会发现和改善"浪费"。例如，走廊的灯昼夜长明，经营者说："把走廊上的灯关掉吧。"员工或许会立刻去关掉，可当只有他一人时，却不会这样做。但是当他具备经营者的意识后，就会自主地去关灯。

像这样和经营者一条心的人能够越来越多的话，公司不就能发展顺畅吗！

这就是阿米巴经营。阿米巴经营对于企业来说，是一个培养人才的体系，苦心于中小企业经营的人，应该会对像阿米巴经营这样的体系感兴趣。

我觉得像股份公司这种组织结构有些怪异。近来有"企业是股东的"这种想法的人越来越多。股东任命的董事和总经理所经营的公司就是股份制公司，它需为所有者的股东创造利润。在这样的公司里，员工就会出现逆反情绪，公司就无法顺利发展。

为了避免出现这样的情况，我就在想，能否将股份公司这样的形式转变为合伙制的公司呢？每一位员工都是合伙人，让他们具有这是自己的公司的意识，不就能让公司更好发展了吗？我就是抱着这样的想法，开始尝试阿米巴经营的。

不过，如果经营者自身不清楚财务会计、不了解数字的意义，就无法引入阿米巴经营。如果想要引入阿米巴经营的模式，不仅必须读得懂资产损益表，还必须学习掌握管理会计知识。

而且公司还必须把所有的数据和会计数字统计清晰准确。因此，作为总经理的自己首先要是一个透明、没有任何问题的人。要做到公平、正直、光明磊落，否则就无法引入阿米巴经营。一个人要做到透明，连自己的私处都袒露无遗，这是很难做到的。但是如果做不到这一点，就没人愿意跟随你。

当京瓷还是中小企业时，在上市前，曾接受过税务局的调查。

税务局的人都是老手，他们首先来到总经理办公室，对秘书说："现在开始你们不准碰那些文件。"然后把所有抽屉打开，命令道："总经理出差是谁在负责？把资料全部拿出来。"

"你们总经理出差时应该是先领一笔预付款，你们是在多久以后结算？"

"我们总经理一次预付款都没有领过。"

"咦？那好，那就把过去几个月的出差资料全部拿出来。"

结果，他们发现所有的账务都是严格按照公司的规定处理的。"这不可能啊。太奇怪了。"虽然他们费尽心力调查，到最后他们也没找出任何问题，从那以后他们再没有进过我的办公室。

如果不能做到这种程度的干净，就无法引入阿米巴经营。我经常会要求员工："做得干干净净，不能有任何不正当行为。"不能因为是总经理，就有所偏颇。阿米巴经营要求数字必须真实。你要求部下做到，那么作为上级你也必须做到。

一般公司都会有这样的规定："成为董事后每个月有300万日元的交际费。"愚蠢的董事会把这当作自己的权利。我非常讨厌这种现象，京瓷公司从来不说"不准使用交际费"，交际费可以使用，但是要写明理由和目的。从这个意义上来说，它既没有上限也没有下限。

就这样，我们在提高组织的透明性之后，就可以按照功能不同完美地划分组织，引入阿米巴经营。我们按照销售、制造、原料部门进行划分，再进行细分化。然后任命堪负重任的领导，对他进行培训。

细分化后的部门很小，但是部门长必须要有健全的人格。冲动型的、情绪化的部门长可就麻烦了。作为一个部门长、作为一个人，他是什么样的人格，抱持何种哲学，这很重要。将哲学灌输给部门长，这是经营者的使命。

人们往往认为，哲学晦涩难懂。其实不然。说得极端点，哲学就是"要正直，不要说谎"，"要诚心诚意地努力"，"要战胜自己的欲望"。所谓要战胜自己的欲望，就是要排除包括矫饰、伪善在内的名誉欲和物欲。这其实是最基础的东西。

佛教中有五戒。要做到五戒就是不杀生、不偷盗、不打诳语、不饮酒、不淫邪。

我们必须严格做到前三项不杀生、不偷盗、不打诳语。至于酒我觉得适量即可，性生活也不能说全不可。

公司的经营哲学并不需要庞大，能够做到这些就够了。你只需要列示出几条，这些事我是决不会做的，以此为基础写成公司的经营哲学，向大家宣示，我公司将按照这样的哲学经营下去。佛教中还有关于慈悲的教义。不管是面对客户，还是面对股东、员工，都要有温暖的关怀。这也并非难事。

运用阿米巴的小集团经营模式的部门长，他们会以这种哲学为基础思考"是否应该按照这种方式推进销售"或是"这个数字的计算方式是否合理"。如果总经理不能掌握这种判断基准，那么一切都无法开始。为了能使用正确的哲学、良好的哲学，总经理首先应该学习它、掌握它。

可是，中小企业中，虽然在进行实际的经营，可却有一大半的人并没有掌握作为经营之轴的哲学。

例如，父亲创办了中小企业，自己却在别的公司工作，当父亲的身体不堪重负时才开始子承父业，在只有 20 余人的中小企业里一开始就担任常务董事或专务董事，和父亲一同工作。而企业里原本就有领头人，但是因为你是创始人的儿子而不得不对你有所顾忌。公司里暂时相安无事。

儿子顶着常务或专务董事的头衔，拿着高工资，他会干什么呢？公司是什么，他并无概念，可是到了青年经营者协会时就会摆出一副俨然经营者的姿态侃侃而谈。他会发现这比公司里的工作更有趣，从而把精力都转移到社会工作中去了。当他开始渐渐有些名气后，还可能在商工会议所这些机构中谋个虚职。

但是，如果他在某人的介绍之下来到盛和塾，他也许会立刻呆若木鸡。因为我会问他："你为什么从事经营？"

"因为老爷子要我继承家业""我本来很讨厌的。可那是老爷子的事业……"很多人都会这样说。

想要继承中小企业的人并不多。他们原本是在有些名气的大企业里工作，只要再待一段时间，就能大致看到自己今后的人生走向，这时却被父亲叫了回来。当中有许多自负的人。面对这样一群人，你问他："作为经营者，你有怎样的觉悟？"他们当然回答不上来。

我问他们："你们公司有多少名员工？""30 人。""那就很辛苦啊。你的公司里有 30 名员工，如果 1 名员工家里有三四人的话，那你就需要养活 100 多人。你不努力经营就发不出奖金，就会裁员，到时候员工们不就很可怜吗？"

"你不仅仅是在接父亲班，还肩负着保护员工，保障雇工的社会责任。可是你却沉迷于抛头露面，把时间精力都耗费在虚荣之上。你有这个工夫的话，那就用在钻研业务上，为你的员工而工作吧！一个优秀的公司不仅对地区社会有益，对日本经济和日本社会也非常重要。你必须要有这种自觉才行！"

对于那些思想不成熟的人，我们要求他们必须具备哲学思想。只有通过能够改变内心的学习，才能让自身也产生变化。也才能对员工说："接下来我会按照这种思路来经营企业。"这样，员工们就会说："我们的专务变了一个人""这样的专务，我们愿意跟着他干"，大家的思想就能够凝聚起来。公司也能良好运转。

子承父业，且又把公司发展壮大。当人们这样去评价他时，他也会很开心，就会希望把公司经营得更好，这个时候他就会忙到分身乏术，于是就会意识到阿米巴经营的模式了。因此，阿米巴的这套管理体系和哲学之间可以说是一种不即不离的关系。

我并不清楚阿米巴是否存在弱点，我几乎没有感觉到。在公司总务和人事部门，或者能够通过电脑完结的工作，也许阿米巴无法发挥功能。但在这些部门用哲学来规范就可以了。

如果一定要列举一个阿米巴经营容易出现的漏洞，那就是一切评价都是用数字来说话，于是一些意志不够坚定的人受漂亮数字的诱惑，拿出错误的数据，也就是说会提供错误的信息。为了讨上司的欢心而捏造数据，但是结果却是给你自己留下后患。为了防止出现这种情况，我们就必须选择正直、勇敢、高尚的人当领导。

此外，员工中还有相当一部分人属于"随大溜"的人。他们觉得自己并不适合担任领导，觉得这样更轻松。

怎样激发起这些人的热情，这也是总经理的工作。将一个缺乏主观能动性的人改造成一个积极的人，我们该怎样做呢？我们知道，当一个人感到自己受到他人的依托时，他会做出回应。因此我们就要对这些人说："拜托了！"让他们带着被人依托的认识。除非极为冷漠的人，一般而言大家都会做出积极的回应的。

最好的方法还是一起喝酒。喝酒的同时就能传达出总经理的心情。一开始可以找些名目举办酒会。如果有二三十名员工的话，就可以说："今天是某某的生日，大家在一起简单地吃个饭吧。"大家一边唱着生日歌，一边喝酒吃东西。这时你再对他说："昨天的那件事，你干得真漂亮！"这就无疑给他的干劲点上一把火。

白天会议上说的话和晚上喝酒时说的话是不同的。这时已经没有上下级，总经理已经降低到和员工相同的等级，一边喝着啤酒，吃着饺子，这样就能让大家变得一条心。经营者自己也完全融入其中，还应该拿出自己的工资来付酒钱。当然也不能借着酒劲撒疯。让大家敞开心扉交流，彼此心贴心，员工就会更愿意合作了。

我年轻时经常和员工们一起喝酒。虽然现在已经不太记得是什么时候，我想可能是在举办慰劳会或是员工旅行时，喝着啤酒和员工们交流，借此打开了员工们非常坚固的内心，我所说的话就能很顺畅地传递出去。这种体验经过不断累积，在想要传递一些哲学性思考时，我就不会说一些太过生硬的话，而是创造喝酒的机会，在自己放松对方也放松的气氛中，将我要说的话浸透到他们的思想中去。

在 JAL 的时候，我也经常和部下们一起喝酒。工作结束后，到了晚上 6 点左右，就拿出啤酒还有鱼干、花生等下酒菜，摆在桌上喝起来。干部和员工每人收 1000 日元，然后把此前进行的哲学教育一一地跟他们确认一遍。

一开始 JAL 的员工们感到很奇怪："开什么酒会呀？"但是我把他们的疑虑彻底打消了。无论是公司干部还是客舱服务员或者维修机师，六七人围成一桌，我也加入其中。"你从哪来？""我是从北海道分公司来的。"就这样，总经理、董事长、专务董事大家在一起侃侃而谈。这类活动反复多次举办，推动了员工们的意识改革。

我的做法或许有些老派。所谓经营，如果只是部分管理层的人或如履薄冰或日夜苦干，其结果都是可以预知的。只有让位于"其中"的全体员工，大家都动起来，那才能形成千人之力。那些经营不善的公司其实就是因为没能让全体员工振奋起来，没有与经营者形成合力。

要让员工们奋起，经营者就要从内心发出这样的强烈诉求：

"公司的经营目的就是为了追求全体员工的幸福。舍此而无其他。因此希望大家也能抱持这种思想、这种哲学，一同来协助我吧！"这样的话，大家就会齐心同力，为把公司建设得更好而竭尽全力。

这种方法虽然看上去有些老派，可却能震撼人的心灵，能让员工们奋起。现代资本主义社会正是由于存在不同程度的差异，才有了成果主义，"只要肯努力就给加工资"，由此来激起欲望，提高员工们的积极性。坦白地说，现代资本主义只能做一些水平极低的事情。

前一阵子，我听某个人说，美国的大企业近来的利润分红率高达八九成，有的公司还把以往的积蓄也拿出来，分红率更是高达120％，这种让人吃惊的利润分红率在美国蔚然成风。

我问为什么会这样呢？他告诉我，因为"股东和投资者不断要求高分配"。而且，美国的经理人（经营干部）们的报酬是与分配金额挂钩的。他们认为，既然我们为股东提供了这么高的分红，那么创造了如此高业绩的经营管理层当然也应该得到更高的报酬。正因为如此，美国就形成了一个贫富差距巨大的社会。

比如，管理层的那帮人，如果把他们的收入换算成日元的话，一年有十几亿日元，而美国工人的收入却和日本工人差不多。因此在华尔街，劳动者们才会打出"1%的富人、99%的穷人，如此大的差异，不公平"的口号示威游行。

由于日本企业的全球化，有可能出现这种情况，那就是日本总部总经理的收入甚至比美国分公司总经理的收入还要少。因此我们也听了这种声音，说"日本企业管理层的收入比美国少"。

在不久之前，年薪一亿日元的人还很少，但是现在已经有年薪三四亿的人了。如果再这样按照成果主义的思考方式推行，我担心日本社会会变得非常不稳定。

人类本来具有非常高贵的精神。从物理学方面来说，如果能够激励起这种精神，就能做出一些非常伟大的事情，可谁都没有注意到这一点。

关于我的经营理念，我经常用通俗易懂的方式称它为"朴素的哲学"，而大家也都认为："的确，那不过是些最基本的概念。"但是我要说，其实我们在进行至为高贵的实践。

盛和塾

"我不想接老头子的班，中小企业什么的，太没意思了。"像这样的孩子虽然被父亲说服回来接班，可在经营中存在惰性的例子并不鲜见。"我名牌大学毕业，在大公司里独当一面，却不得不回来接老爷子的班。"要是抱着这样的情绪，公司经营肯定是做不好的。最近加入到盛和塾的人中，像这样的第二代、第三代非常多。

他们丝毫没有作为经营者的自觉，也不努力。但是他们却顶着专务什么的头衔，拿着高薪，摆出一副了不起的样子。在辛勤工作的员工们看来，他们实在令人讨厌，"怎么会让这样一无是处的人担任专务？"他们连经营的"经"字都不会写，却摆出一副经营者的派头，这样公司的发展当然不会顺利。

如果方法得当，公司原本会有更大的发展的，却由于这种世袭体制而一蹶不振。这些第二代、第三代进入盛和塾后，我给他们当头棒喝："你那不是经营！必须改变思维，从根本做起！"他们第一次发现原来经营应该这样做，终于从零开始行动起来。

我创办盛和塾，目的就是要告诉他们经营其实并不是他们想象的那样。

虽然他们毕业于大学里的经济、经营学专业，却完全没有学习过会计，只是每个月付钱给税务师和会计师，请他们看看账本，然后被告知，"这个月赚钱了""这个月是赤字"，然后回应一句："啊，是吗？"如此而已。他们并不理解为什么会产生黑字或赤字。就是这样的人在从事着经营活动。

当然，他们也不知道经营者必须具备何种思考和哲学，不知道保障日本的就业、支撑经济底线的，毫无疑问正是他们安身立命的中小企业，但是这些第二代、第三代们却在亦步亦趋地经营着企业，岂非咄咄怪事？

在日本，当某个人成为中小企业经营者后，他并没有机会获得经营方面的教育。日本没有一所真正的培养经营者的学校，这是不行的。我认为如果想要中小企业能够良好发展，就必须有一处培养经营者的地方。

那么，大公司的经营者是不是就懂经营呢？他们其实也是从普通员工一步步提拔上去，他们对经营也似懂非懂。那些从公司销售部门干上来的部门领导对公司财务并不理解，当他当上专务时才好不容易学会看财务报表。而如果当他当上总经理时才来学习财务会计，那就太晚了。我认为，当你还是一名普通职员时，就应该学会会计、财务和记账。所谓经营，就是通过事业活动将结果制作成数字体现出来，因此我们必须认真去学习。有些银行职员从事企业信贷却连记账也不明白，当他当上银行支店长时更是派头十足。这种人进入中小企业担任股东，那是毫无益处的。

由于没有真正教授经营的经营者培训学校，好吧，那就我来做吧。于是我创办了盛和塾。现在有 8000 多名学员在这里学习。如果你要问，为什么盛和塾能够聚集到这么多的经营者，我想原因有三点。

第一点，中小企业的经营者，他们把企业经营的责任完全担负在自己肩上。有的经营得一帆风顺，有的却是磕磕绊绊，他们越是认真，责任感就越重，该如何经营公司的压力几乎会把他们压垮。因此，人们常说经营者越是位高权重则越是孤独。

说得极端一些，他们无法将自己的烦恼和二把手、三把手诉说，即便是面对值得信赖的心腹，他也不能把烦恼一股脑地倾诉，只能隐藏在心底，独自一人做出决断。这种心境真可谓孤独得天可怜见。当然，他们也是不可能回家后向妻子倾诉的。

因此，这些具有共同烦恼的经营者们聚集到盛和塾，将无法向他人诉说的烦恼、苦闷和盘托出。在这里，向其他经营者诉说自己的软弱、烦恼既不会给自己带来危害，反而还能得到理解与鼓励。这就会让人产生这种安心感：

他们值得信赖，什么话都可以说。

第二点，作为一名经营者，最感到苦恼的还是经营方式的问题。他们希望有人告诉他们："你该这样做哟。"而最大的烦恼是如何凝聚员工的心，用什么样的理念和哲学来带领大家往前走。当然，也有人会想到物资刺激，有的人会使用名誉激励的办法。我的这句话可能不好听，中小企业的经营者中好学者不多。其结果，他们变得像个体育教练，对员工说："你们都跟着我来吧。"

其实不该是这样的，能够把员工们凝聚在一起的，是经营者的人格魅力。这名经营者他是怎么想的、他的哲学是什么，只有这些才能吸引员工。经营者必须要用自己的魅力来吸引员工，带领大家朝前走。

这时最重要的就是通过艰苦的劳动来提高自己的人格。不付出艰苦的劳动是不会有魅力的，员工们也不会追随他。当你介绍了自己所经历的付出之后，员工们也会与你感同身受，有些员工会看到："我们的总经理越来越有品格了。"

学员们也是来到盛和塾后，对这些问题会豁然开朗，然后记好笔记，回到自己的公司。他们每次来盛和塾，都能有所发现和感悟，我想他们也会非常快乐吧。

第三点，盛和塾里聚集的都是希望能更进一步的经营者。经营者人性磨炼中最重要的内容就是关怀，也就是佛教中所说的慈悲之心。如果没有以此为基础，就会变得唯利是图。关怀虽然看上去和企业追求利润背道而驰,其实并非如此。重视客户、重视员工,让大家都好才是最重要的。在盛和塾里,无论我和哪个学员交流,我都会发现他们自然流露出利他精神。

今天,像这样真挚诚心的人已经极为罕见了。但是在盛和塾,利他这个词和思想会经常出现在对话中。有这种心态和信念的人,都会体恤和关怀对方,因此盛和塾里的气氛非常和谐。

经常有人邀请我去讲课,可我却不大愿意去。这是因为在每当谈到利他这个话题时,我总是听到许多人会说"我怎么怎么,我怎么怎么",气氛很不好。其中也许会有人赞同我的主张,但几乎所有的人都会嗤之以鼻:"尽说漂亮话,你不感到伪善吗?"会场的气氛真是乌烟瘴气,人们的表情也不一样。而盛和塾就不一样,大家在这儿都很快乐,因此即使再忙我也会抽出时间来参加盛和塾的活动。

当今社会,基础性的规范已经消失殆尽,企业中也不存在。我正是在这个世上的规范已经消失的前提下,创办了盛和塾,我要把这些基本性的东西教给他们。

在我们那个年代,父母们都会把教养——人们称它为道德——灌输给孩子。但是现在严格教养孩子似乎变得不可思议,全都是作为自由人来培养起来的孩子。原始的、基础的、传统的原理原则已经被遗忘,每个人都在野蛮生长。

就我而言，我感到幸运的是，我都是以传统的伦理观为基础来进行经营判断的。之所以如此，是因为我没有经营的经验，传统的伦理观是我唯一可依赖的价值标准。大家也都可以像我这样做。没有这种传统的伦理观，人生就会行差踏错，经营也会困难重重。遗憾的是，尽管这已经被历史所证明，但是人们并没有意识到这一点。

以前，村上基金的前任代表村上世彰先生曾这样说道："赚钱有什么不好？我又没做什么坏事，只是在不停地赚钱而已。"曾是活力门公司总经理的掘江贵文最终也没弄清楚什么是经营就锒铛入狱了。真是可怕，唯利是图似乎是天经地义的事了。

凡事只会做利己性思考的自我和充满博爱、有着体贴和关怀的真我，每个人的心中都同时有着这样两个自己。由于真我太过老实，很难表露于外，而自我则很容易以"我、我"的形式表现出来。佛教中所说的烦恼，就是指当一个人不能抑制这种烦恼时，他就无法做出美丽、温和的行为。我想，可能很多人都没察觉到自己心中有两个自我吧。大家以为自己就是自我，却不知道心里还有一个美丽、温柔的真我。

我在盛和塾经常跟他们讲，如果一个人一直按照自我来行动，他的人际关系就无法改善。在家里，如果有个我行我素的老爷子，还有一个我行我素的老太太，自我和自我就会发生碰撞，那么家庭关系和社会关系都无法和谐。自我和真我，利己和利他，都同时存在于我们的心中。因此，必须依靠传统的伦理观来抑制住自我和利己之心。

第二章　门生的思考

师曰："经营并非才学。"

"什么是经营者？这可是一个好问题！有点哲学性，难以回答，但是否能够直接回答这个问题，却要看进入盛和塾后能将稻盛哲学的多少内容消化吸收为自己的东西，我觉得这就好像是在试试纸一样。作为经营者，我可谓经历多多，也许我的故事能给您一些参考。"

坂本孝。在东京银座经营着"我的法国菜""我的意大利菜"等很受欢迎的餐厅，是"我的株式会社"的总经理。如果说他是"BOOKOFF CORPORATION 的创始人"的话，或许知道的人要更多一些。

坂本于 1990 年在神奈川县的相模原市创办了贩卖二手书的 BOOKOFF。他一改在此之前二手书店的形象，将店铺布置得宽敞明亮，很快就被消费者所接受。在坂本担任总经理、董事长期间，在国内外开设了 800 间门店，并于2005 年在东京证券交易所一部上市。

然而，两年后的 2007 年，《周刊文春》刊登了披露BOOKOFF 公司丑闻的报道。坂本由于要对公司的捏造销售数据负责，在报道出来后的第二个月闪电辞职。

"现在说什么都为时已晚，可其实这是做假账的干部从公司辞职后，向周刊提供了素材。这些金额只不过是公司销售总额的几千分之一。但是报道却夸大其词，造成那样的结果。当时我觉得是遭到员工的背叛了。"

有多少人值得信赖？辞掉 BOOKOFF 董事长一职后，坂本闷闷不乐地度过着每一天。性善说和性恶说，不停地在他脑海中打转。最终，他求救于盛和塾。

坂本是 1995 年来到盛和塾的，在学员中也是老资格了。在 BOOKOFF 取得成功被媒体广泛报道，以及在股票上市后，他也经常来盛和塾，听稻盛先生讲课。

在即将退任的那段时间里，坂本和稻盛先生一共进行了三次交流。

"与其说是去，不如说是塾长打电话让我去的。'到（位于东京・八重洲）京瓷事业所来一趟！'。然后劈头盖脑的就是两个问题：'你在盛和塾里学习是在装模作样吗？你到底学到了什么？'当时我还想，塾长干吗这么生气？事后一想这实际上是给我的激励，让我切断迄今为止的一切纠结，东山再起，'再来一次'。他根本不关心报道的真伪，只是对我说：'事件之所以发生，归根结底还是你内心里的某种思想造成的。'"

是你内心里的某种思想造成的……这句话深深地刺痛了坂本的心。

到底错在哪儿?他压制着自己也是受害者的怨恨,开始日复一日地探寻"内心里的某种思想",然后,他顿悟了。

"还是因为自负吧。BOOKOFF 创业后在东证一部上市,当时是一家市值 500 亿日元的企业,来自媒体的赞誉也不绝于耳。于是自己就开始变得自负,失去谦逊之心。一个人在攀登高山时会做周详的计划,攀登时,也会小心前进,绝不敢丝毫懈怠。可当时,我却是成功登顶的状态。在日本我们已经取得了压倒性优势,市场占有率最大,第二名被我们甩得远远的。这种商业模式也是世界上独一无二的,如果在世界各地把 BOOKOFF 推展开去的话,一定都能取得好成绩。我们还将在贩卖书籍中获得的经验扩展到其他二手商品贸易中。我有些得意忘形了,就像是登顶之后坐在山顶上畅饮胜利之酒一样。如果当时我能自己找到下一个挑战的山峰就好了。"

真的是因为自负吗?笔者有些刁难地问他,坂本这样回答道:

"……怎么说呢?其实我并不真正了解我自己。如果我没有什么问题的话,事件也不会发生。一定是有某种原因的。我觉得那一定起因于我的内心。是什么我不知道,但是它一定在那里。事件发生的本身就证明总经理的器量有所欠缺。有句话叫'不德之所致'。发现自己的不德之处,时时刻刻自觉自律，舍此别无他法。抱怨辩解之词咽在肚里，要对自己说'这都是自己的不德所致'。稻盛塾长也经常告诫我们'之所以会遇到困难，是因为你还不完美。然而只要努力，就一定能够克服这种困难。人就是通过克服一个又一个困难而成长起来的'。"

坂本于 1940 年出生于甲府市。家里是经营精米、精面的公司，经营情况似乎并不好，记忆中父亲和祖父每晚都会在客厅里讨论筹资的问题。"只要能从这家客户手中把钱收回来，月末就能还给银行了。"这样的对话就像背景音乐一样，陪伴着在一旁用餐的坂本。

在这样的环境中度过自己童年时代的坂本，骨子里被深深刻入了"要靠自己的能力养活自己"的印记。他没有上班族的经验。从东京的大学毕业后就开始帮助家业，因为不满足于一直在农协下工作，30 岁时开始独立创业，从事过音响器材销售和房地产等一个又一个行业。对于坂本来说，从一个行业转向另一个行业，那感觉就像是"调了一个岗位"。

"从一开始我就认为自己是实业家，我对上班族的屈从上司、逆来顺受感到不能理解。有那么大的忍耐力，为什么不把它用到创业上去？我有这种想法也许和我的成长经历有关吧。"

作为实业家，坂本的战绩是"二胜十败"，二胜的其中之一是 BOOKOFF，另一个就是在此之前从事的二手钢琴销售。是在经历了十连败后，坂本终于找到了一项具有发展成大事业可能性的项目。在 BOOKOFF 创业的第五年，直营店和特许加盟店加在一起，就已经超过 100 家。表面上看起来是一帆风顺。

可是，在坂本心中，有些东西却无法释然。

BOOKOFF 商业模式的生命线是书籍的采购。想要顾客反复来这里卖书，除了书籍的收购价格以外，如何为顾客提供高品质的服务是关键。然而，无论他怎么给当时加盟店的店主宣扬这种理念，却始终得不到回应。因为即使不花力气进行员工培训，这些新开的二手书店也依然生意兴隆。如果再这样下去，连锁模式就会被瓦解，那么怎样才能转变加盟店老板的意识呢？

这时，坂本偶然翻到店里的一本书。上面写着这样一番话：

所谓公司，并不是属于总经理个人的私有物，它是为了员工们的幸福而存在的。因此，总经理首先要自己磨砺心志，然后服务他人，为他人挥洒汗水，这才是最重要的。

坂本当时并不认同这番话。"磨砺心志那又怎样？更让我不明白的是要有服务他人的利他之心。当时的我，忙于公司的经营，连落在头上的苍蝇都没有时间赶开。世上的经营者们一般都只会关注眼前、关注自己的事情吧。如果有空闲的话或许能够理解，忙得车轱辘转，哪还有闲心去考虑利他之心呢。当时我就是这么想的。再看那作者名字，上面赫然写着'京瓷创始人稻盛和夫'。"

尽管不理解，但却不知为何，坂本再也无法放下这本书了。就像中了魔一般，坂本跨进了盛和塾的门槛。

当时社会上有许多教人赚钱方法的讲座。他认为盛和塾也一定是教授这些方法的地方，他却弄错了。这里完全没有提到任何关于如何赚钱的内容。而是提出了一个哲学性的大课题：人为何会出生到这个世界上。这让坂本大吃一惊。

而且稻盛还这样说道：

"人出生于世，其目的就是为了磨炼灵魂。为了磨炼灵魂，世间才有了众多喜悦、悲伤和痛苦。每个人的活法都有不同，有的人是为了家人的幸福，而有的人是为了自己的名声，可是磨炼灵魂却是这一切的根本，是人类共通的，是上天平等赋予众生的活法。尤其是在人生的后半段，更是为了磨炼灵魂而存在。"

稻盛所散发的强大气场，使得这些话也完全渗透进了坂本的身体。坂本开始频繁出现在盛和塾，并最终确信这样一个理念：

迄今为止自己只考虑到自己，自己只想着赚钱，只想着让自己过上好的生活，只想着提高自己的名誉。但是一心只为自己考虑的经营者，注定不会有人追随。想要改变那些以为只要有了操作指南就行的加盟店店主的想法，首先要改变自己。如果不能转变为利他之心，也就是不能转变为为了自己以外的人的幸福而努力之心，公司就不可能顺利发展。

本来有很强事业欲的坂本，将公司的经营方针做了巨大的转换，那就是从满足个人的欲望转换为为他人服务。此后，BOOKOFF 的发展提速。BOOKOFF 的成功也是稻盛哲学的成功。

然而坂本却以做梦也想不到的方式离开了 BOOKOFF。卸任后，他曾想过让自己作为实业家的人生告一段落。

"干脆去夏威夷买一套公寓，当一个高尔夫球场的老板，每天都生活在美酒和玫瑰花中吧。自己也已经年近七旬了。可是，塾长的训斥让我改变了想法。一开始，塾长的样子很吓人，但在我离开时，他对我说：'有什么困难，随时来找我。任何时候我都在看着你！'这是塾长对我的激励，增强了我的信心。塾长经常这样告诫我们：'人不能只追求自己一个人幸福，而是要团结周围的人形成一个集体，让大家共同幸福。'想起塾长的这些话，再加上我在BOOKOFF 还有一些未了的事，于是我就想那就再干一把吧。就在这之后不久，大我八岁的塾长也全身心地投入到 JAL 的重建中了。看到他，我觉得没有搬去夏威夷真是太好了。要是就此隐居了的话，我就没脸再见塾长了。"

坂本在 BOOKOFF 留下的是一个能让个人能力无限发展、员工能够独立自主的体系。员工们不必在任何人的指示下工作，而是尽可能具备经营者的管理能力，这是一种根据自己的能力开展工作的全新商业模式。

"我认为每个人都具有巨大的潜力。为了能毫无保留地发挥每个员工的力量，我想为他们提供一个新形式的可开办分号加盟的经营模式。"经过一段时期的蛰伏，坂本于 2009 年创办了饮食公司。

之所以着眼于饮食行业，是因为他听说了厨师的境遇。一个厨师不论经历何等丰富，如果他不能成为厨师长的话，就无法自由地独创新菜品。加上工资水平低，开业资金也不菲，许多人不得不抱憾中途离开饮食行业。但是反过来说，在饮食行业，一家个人小店如果能够提供极具吸引力的菜品的话，它就能与有着巨大资本的连锁店平等竞争。凭借个人的力量一决胜负，这与坂本的构想再契合不过了。

可是，第一家烤鸡肉店开业了，顾客寥寥。为了吸引顾客，他们采用了和普通小酒馆一样的战术，一杯生啤只卖 99 日元，但是败走麦城。于是，坂本开始进行彻底调查。在经济不景气的情况下，依然有开得很好的餐饮店。

他抽出 100 家生意兴隆的餐饮店分析发现，它们要么是米其林三星的高级店，要么是价格极为便宜的快餐式小酒馆。由此他想到："我能不能开办一家由米其林级别的厨师主厨的快餐式小酒馆呢?"快餐式可以提高客人的轮转数，而且在这里 1000 日元就可享受到其他店卖几千日元的高级料理。这个创意大获成功，顾客需要提前几个月才能预订到桌位。

坂本作为实业家再次取得成功，成绩为三胜十败了。"看来坂本先生还是有商业才能的呀。"我这样对他说，可他却不住地摇头。

"我的才能和普通人一样，因此才有十次败绩。我只是在努力实践稻盛哲学而已。有一次，塾长曾经断言：'只要不折不扣地去实行经营原点 12 条，谁都能轻松创办京瓷这样的公司。'换句话来说，经营并不靠个人的才能。塾长的这番话，给了我巨大的勇气。"

"经营原点 12 条"是指稻盛在创业时所总结的"经营的精髓"。

1. 明确事业的目的和意义

2. 建立具体的目标

3. 抱持强烈的愿望

4. 付出不亚于任何人的努力

5. 销售最大化，经费最小化

6. 定价决定经营

7. 要有坚强的意志

8. 抱持燃烧的斗魂

9. 要有勇气去面对困难

10. 经常开展创造性的工作

11. 以诚信和仁义待人

12. 乐观向上，带着梦想与希望以诚实之心开展经营

无论是在 BOOKOFF 时期，还是在现在的餐饮店经营当中，坂本将这"经营原点 12 条"一直铭刻在心。坂本认为："我没什么才能，但是我可能比其他人更坚信塾长的教导。这是我取得成功的力量之源吧。"

坂本在 72 岁之际再次走到媒体的聚光灯下，但是他和稻盛的师徒关系今后也不会改变。

"我从塾长那里学到多少教导？恐怕只有一成而已。盛和塾的学习会上，有个时间段是学员可以直接向稻盛塾长提问。很多学员会提出家庭琐事般的问题，比如'我继承了父亲的家业来经营公司，可是却和弟弟发生了冲突。我应该怎么办'等。面对这些问题，我会在头脑中模拟塾长的回答。

"可是，几乎都不正确，十次模拟大概只有一次正确。

每次都会感到醍醐灌顶，原来如此，原来必须这样去思考呀。因此，这并非什么客套话，稻盛哲学，我只学到了十分之一，还有九成需要我继续学习，可塾长却又在 JAL 干出了一番大事，他走得更远了。有时我都会感到没信心了。不过，还好我认识到自己并不成熟，明白要成为一个合格的经营者，必须生命不息，努力不止。到了我这把年纪，还有一位能让我终生跟随的大师，这也是我的幸福吧。"

师曰："什么是经营？我来做给大家看。"

从米子机场出来后一边眺望着位于左手的日本海，一边驾车行驶 20 分钟左右，然后从大路转进一片住宅区，大畑宪已经在那里迎接我们了。

大畑在鸟取县米子市，经营名为达克斯的公司已经 30 多年了。公司主业是面向汽车代理商和消费者销售和更换汽车玻璃，以山阴、山阳区域为中心，在首都圈和东北地区等地开设了 20 家店铺。同行业的公司大部分只是在本地区域内经营，像达克斯这样在全国积极发展的公司可谓凤毛麟角。在业内，大畑的名字也算是风云人物，广为人知。

实际上达克斯的总部位于大路旁一处宽敞的地方，而坐落于民宅区的是公司的旧楼，现在只用于员工的教育培训。今天造访这座没人的旧楼，原因只有一个，为了参观某个房间，它的名字叫"稻盛和夫之屋"。

打开写着"稻盛和夫之屋"的大门，像成年人一样高的一个玻璃柜一下子映入眼帘。仔细一看，原来里面摆放着稻盛用过的水杯和签名著作。大畑挠着头说："我非常希望能得到一个带着稻盛塾长印记的杯子，于是拜托举办盛和塾例会的酒店的员工，偷偷拿了一个出来。"

走进房间，有一个摆放着稻盛全部著作和全部影像作品的书架，而且满墙张贴着稻盛的照片。有的表情温和，有的表情严肃，还有托钵修行时的神妙表情。每当大畑对经营产生困惑时，他就会独自来到这间"稻盛和夫之屋"，沉思默想：如果我是稻盛的话，我会怎样打破这种局面呢？每年元旦大畑都在稻盛的照片前敬礼宣誓，这已成了习惯。

"这个房间是我的神圣场所。"

对于大畑来说，这里就宛如礼拜室或忏悔室吧。由于房屋的结构，从里面的房间去厕所时，必须经过这间"稻盛和夫之屋"。当自己内心感到彷徨时，背后就仿佛能感受到稻盛先生看穿内心的目光，就会不由自主地加快脚步。而当对经营充满自信时，也会在无意识间，昂首挺胸慢慢通过。

像追捧偶像的粉丝一样，大畑在盛和塾的学员中间被称为狂热的"追随者"。盛和塾一年会举办十多次稻盛亲自出席的塾长例会，例会会在全国各地巡回举办，每次约有1000名左右的学员参加。大部分学员只参加在本地或临近城市举办的例会，可大畑这样的"追随者"会将每年的塾长例会安排行程记下来，只要没有发生特别紧急的情况，他就会参加全部例会。像大畑这种狂热的"追随者"据说有数百名。

可最近大畑却并没有和稻盛直接交流过。

"在进入盛和塾的时候曾多次和塾长交流，现在却变得越来越害怕了。每次见面都会增加这种恐惧感。一般的人际关系是越见面越亲密，而我却相反。第一次见到塾长觉得非常温和，一开始就想要多亲近些。当时觉得，真好啊，能和京瓷的创始人交流。可是，现在却越来越不敢靠近塾长了。或许这就是所谓的敬畏吧。身体都会变得僵硬。有许多学员都会这样。他们回去后，又变回了大公司的董事长、总经理，可在塾长面前，却像新员工一样站着不动。我就是这样的典型。"

稻盛看上去根本不像一个功成名就的经营者。他饮食朴素，非常喜欢吃"吉野家"的牛肉盖饭。在得知他有这一爱好后，"吉野家"总部还特别送上了一份礼物"我的盖饭"，被他当作宝物一样收藏，完全一副普通人的样子。在塾长例会上，也经常可以看到他和学员们相互开玩笑。那么，大畑是从何处感觉到畏惧呢？

"这可不是口头上说说而已的事呀。最具有象征意义的是 JAL 重建。对那样一家背负了巨额债务且具有官僚体制的公司重建是极其困难的，而且塾长还是在这么大岁数的时候接手工作。重建与创业可不同，而且和京瓷、KDDI 处于不同行业。作为优秀的经营者，塾长已经名声在外，但这次投身于 JAL 重建，无异于火中取栗，万一失败的话就

71

会晚节不保。当时媒体上也对他能否胜任充满怀疑，我着实为他捏了一把汗。学员中有许多人都异口同声，希望老师辞掉这份重担呢。"

我们不清楚稻盛先生是否听到了学员的声音，他在塾长例会上这样回应道：

"为了实现三个大义，我会全身心地投入到 JAL 的重建中。第一是对日本经济的影响。第二是为了守护 JAL 的员工。第三是为了维持健全的竞争，为了保护好给国民提供的服务。什么是经营？我来做给大家看，请大家好好看着吧。"

在盛和塾学习的经营者已经突破 8000 人。平时稻盛总是教导学员们"经营应该这样"，而现在，稻盛将在 8000 名学员的注视下，以身示范。稻盛自己应该最清楚，一旦失败，自己作为老师则颜面尽失。"没有一个经营者能做到他这样。单凭这份勇气就令人敬佩，而他在短时间内就让 JAL 呈 V 字形地恢复，我们只能拜服。他真是神啊！"大畑如此赞美道。

大畑成为"追随者"是在 1995 年前后。

毕业于松江市高中的大畑进入了一家从事汽车玻璃销售的公司。可是，不久后这家公司的经营出现问题。和他关系很好的玻璃厂家的负责人对作为米子营业所负责人的他说："我们会帮助你，你不想在米子地区独立出来干吗？"

于是，1980 年大畑成立了达克斯公司。

当时行业内只有各自销售不同厂家玻璃的公司，彼此之间几乎不存在竞争。这种"开张就有生意"的好买卖，很快就让公司走上了轨道。

可是人的问题却让大畑感到很头痛。公司刚刚成立不久，工作都是些体力活儿，招人时连个穿西装来面试的人都没有。现有的员工都是些看上去吊儿郎当，甚至是像暴走族的人，有的年轻人甚至还把头发染得像彩灯一样五颜六色。

他们从未有过努力的经验，因此即使前辈们训斥"要更努力地工作"，他们也不知道努力的方法。用大畑的话来说，"学力、经历、上进心，这三样要啥没啥"。公司招不到心仪的人才，员工的稳定性也很差，来一个走一个，走一个来一个，如此反复。

虽然营业额和利润都在增长，可是业绩越是提升，大畑的心里就越没底。他只能每天督促着员工工作，日子就这样一天天过去。公司的经营理念是什么？公司的经营目的何在？这些连大畑自己都说不清楚。但是大畑还是隐隐地感到一丝不安："公司这样下去行吗？"

于是他开始去听一些著名经营者的演讲会和经营咨询师举办的学习会。虽然听到了一些事业战略和组织管理的方法，可以作为经营的参考，可总觉得这些内容和自己想要的不一样。这时，一位朋友借给他一盘演讲磁带。当时正是他开始对学习会产生厌烦情绪的时期，因此虽然拿到了磁带，却放在车里从未打开过。

又过了几个月，大畑突然想起了这盘磁带，既然是从朋友那里借来的，"姑且听一下吧"，他将磁带插入到卡盒。

"经营者要追求员工物心两面的幸福……"

大畑不由自主地把车停在路旁，侧耳认真倾听磁带里传来的声音。这声音来自稻盛和夫。就像是稻盛专门为大畑一个人所说的一样，这一句句言语，深深地落入大畑内心深处。

稻盛的教导和其他经营者、沙龙有何不同呢？大畑将他刚加入盛和塾时遭遇到的一个小插曲告诉了我。

塾长例会的后半段，都会设置"经营问答"的时间。学员们以稻盛为中心围坐在一起，入座最快的人可以向稻盛提问。一位学员这样问道：

"从当今的宏观经济的动态来看，经济的运行非常迟滞。受此影响，我公司所处的行业市场正在发生这样的变化。塾长，您对此是如何看待的？"

或许这位学员对经济形势非常了解，他还拿出了 GDP（国内生产总值）等数据来详细表述。对宏观经济这些内容一窍不通的大畑深感震撼。不愧是盛和塾！看来不能提出像这种高度的问题是不行的。我能跟得上大家的水平吗？

大畑看着稻盛的侧脸，学员在提问期间，他一直紧闭双眼。一定会有一个很厉害的回答。大畑的身子都探了出去。

可是，就在问题结束时……

稻盛一下子睁开双眼，立刻将身子转向坐在右后方的那位学员，然后敲打了他的脑门。

"你是笨蛋吗？"

稻盛怒气冲冲地说道。

"这和宏观、微观有什么关系？不要再提这样无聊的问题。你真正的苦恼并不是这些吧！"

这位学员重新坐正，两颊通红地重新提出问题：

"对不起。我真正的苦恼……其实是员工不肯追随自己。而我明明已经很努力了……"

然后稻盛冷静地说道：

"你想让员工追随你，就必须让员工迷上你。要让员工迷上你，明白吗？你就必须成为一个让人着迷的人……"

稻盛讲的并不是经营知识，而是经营者的心。"这就是和其他经营者、咨询师决定性的不同点。"大畑这样说明道。而塾长例会上发生的这件事，让大畑更加着迷于稻盛，由此开始成为一名"追随者"。那位被稻盛敲脑袋的学员，他的公司飞速成长，几年后股票也上市了。

稻盛倡导什么，他就执行什么。

稻盛说："不要用支票。"他一回到公司，就会吩咐总务部长:"听着,我们不再使用支票了。"其时大畑自己也不明白停用支票的好处何在。"啊,那资金流转会有困难的。"总务部长面露难色。但是大畑坚决贯彻执行:"行了。塾长都这么说了。"

一切都是"稻盛塾长是这样说的"。每次从塾长例会回来,他一定会抓住员工对他们说:"今天在盛和塾,我听了一些很不错的内容,你也听听吧。"也有员工抱怨道:"总经理总是现学现卖。""现学现卖有什么不好?大家一起来学习吧。"于是大家一起观看稻盛的演讲录像。

为了培养员工,他也开始举办"饮酒会"。经营者和员工一边喝酒,一边开诚布公地交流彼此的工作和生活方式,这在盛和塾称为饮酒会。稻盛在京瓷、KDDI 和现在的 JAL 都是通过饮酒会把员工们的心凝聚在一起的。在京都的京瓷总部的 12 楼,现在都还有专门用于举行饮酒会的大型榻榻米房间。

其实在这之前,大畑就经常邀请员工喝酒或到自己家里做客。在进入盛和塾之前,他向某个经营咨询师谈到这件事时,对方警告他说:"总经理与员工可不能走得太近。"可稻盛的观点却与此截然相反。

"和员工一起吃饭要优先于和家人一起吃饭。"

稻盛喜欢把自己公司的员工说成"住在里面的员工"。他一直有着"公司就是家、员工就是自家人"的意识。

稻盛的首肯，大畑感到非常开心。他几乎每天都和员工们一起喝酒。在县外开店后，他的车子后备箱里常备有电饭煲、锅和大米，在工作场所只要铺上废纸板，就能立刻举办饮酒会。

名为饮酒会，却并不是一味地饮酒作乐，每次大畑都会设计一个主题。有时会以"取得成果的店长和没有取得成果的店长的差异是什么？"等工作内容作为主题，有时也会讨论一些心理问题，例如"利他之心要如何养成"，等等。像这样一边喝酒，一边对各种主题进行认真交流，就是稻盛式的饮酒会。

酒至微醺，人们更容易说出真心话，有时还会直入肺腑，激起内心的情感。酒会有时也会发生激烈的争执，可是真心的碰撞更能加深彼此的信赖关系。有时你会发现对方不为人知的一面："原来他是这样想的啊。"在一次饮酒会上讨论到关于家人的话题，一名员工突然流下了泪来。原来他发觉自己对父母缺少感恩之情，不由得情绪激动起来。

饮酒会持续举办一段时间后，员工大致会分化出两个群体，一个是连眼神都有变化的群体，另一个是融不进公司氛围的群体。在某次饮酒会中，一个员工口出狂言："什么哲学不哲学的？我再也不能像傻子一样干下去了！"融不进公司气氛的员工辞职而去，留下来的人则在不断成长。

最让大畑感到高兴的是，曾经被贴上不良标签的员工这样说道："从前和朋友一起喝酒，谈论的都是打弹珠赢钱，或是哪家酒馆来了漂亮女孩子之类的话题，老是谈这些真是让人腻味呀。"

大畑眉开眼笑。"听了这番话，我感到很开心。其实每个人的心底都希望能认真工作，对他人有所帮助，能把自己的生活搞好，而我们的饮酒会就是要去把他们心底的这个愿望激发起来。"

我问大畑："什么是经营者？"

大畑立刻这样回答我：

"经营者就是父母。对于公司的员工，我们之间的关系甚至超出了亲子之间的羁绊。我把员工视作我的孩子，员工也把我看作父亲。雇佣方和受雇方，如果只是以这种单纯的雇佣关系来经营，那是无法做好的。塾长也曾说过：'要以大家族主义的方式经营。'采用大家族主义的形式经营，经营者燃烧自己的干劲，员工们也会紧紧追随着他。关键还是要看经营者是否愿意做出自我牺牲，是否愿意为了员工而竭尽全力。因为通常父母总会最优先考虑自己的孩子。这是同样的道理。"

或许也有人会表示怀疑："经营者有必要与员工保持如此密切的关系吗？"可是，就是这种重情义的经营让京瓷发展成 1 兆日元企业，同时也让大畑的公司得到了长足的发展，这是不可否认的事实。

大畑曾经对前来面试的年轻人展示这样一幅图。

① ○→○

② ○→×

③ ×→○

④ ×→×

箭头前面表示之前的人生，箭头后面表示接下来的人生。然后问他们："不好意思，假如你之前的人生是×。学习不够，能力也有所欠缺。那么接下来你想变成什么样？是×还是○？"几乎所有的年轻人都会回答"○"。"想要人生过得更好？好！只要你有这种想法就行。那就和我一起努力吧！"

大畑倾注了满满爱意的员工已经增加到150人。2011年，他将总经理的位置让给了其中一人，而自己则去担任统管集团的控股公司的总经理。

大畑还有一个想要实现的梦想。

"如果有10名员工的话，我想将真正的活法和思考方式，说得好听一些就是哲学教给他们。如果能认识到：'啊，还有这样的思考方式啊。'并且在以后的人生里能诚实正直，一以贯之，那我作为一个经营者也算是做出贡献了。能让员工幸福的，只有经营者。因此，我想培养出大批堪当经营者之任的人才，然后把子公司交给他们去经营。

像我这样的人都创办了销售额有 10 亿日元的达克斯，只要更努力，他们当中一定会有人能创办 100 亿销售额的公司。培养大批经营者，让幸福辐射开去，我觉得，这，就是我的使命！"

师曰："当你认为不行了的时候，那才是工作的开始……"

"劳烦您专程从东京到福冈来，远路迢迢，真是太感谢了，不过我们兄弟也说不出什么来。我们公司创办于1929年，历史悠久，就这还能拿出来夸耀一番。但是先是雷曼兄弟公司破产，接着是东日本大地震，惊涛骇浪一波接着一波，我们兄弟和员工们齐心协力，竭尽全力，公司这才得以勉强存活下来。这当中最艰难的，还是此前开始的日产复兴计划……在这里不得不对稻盛塾长表示感谢。多亏了塾长，当时真是拯救了我们。"

西井涂料产业的总经理西井一史说着这番客套话，看了一下坐在一旁的专务董事西井博文。

有270名员工的西井涂料产业是九州最大的涂料专业商社。一史的祖父创立了九州第一家涂料销售店，然后开发了建筑用涂料和工业涂料等各种市场的客户。位于福冈机场附近的总部，一进去就是摆放着各种颜色的涂料样品"涂料走廊"，生气勃勃。公司的营业所遍布整个九州，在东京、爱知、大阪也有派驻员工。

博文是小一史三岁的弟弟，统筹营业方面的工作。兄弟俩无话不谈，是携手共渡难关的同志。西井涂料产业也曾遭遇过关乎存亡的经营危机，而当时他们两个人是如何思考，又采取了怎样的行动呢？我们希望用西井兄弟的经历来验证一下"什么是经营者"。

事情始于 1999 年 10 月 18 日。

日产汽车九州工厂（现在的日产汽车九州）所有生产线同时停机，喧闹的工厂重归平静。代之而起的是日产总裁卡洛斯·戈恩宣读日产复兴计划的声音。在工厂的一角，博文竖着耳朵，生怕漏听一字半句。当听到日产今后三年零配件供应商数量将会减半的内容时。博文惊呆了。

自从 1975 年日产在九州设立生产据点以来，西井涂料产业一直与其保持合作。在发表复兴计划之前，对日产的销售额达 50 亿日元，占到公司整个销售额的两成。在此之前，涂装生产线车体的底漆、中间层涂刷、表面涂刷所用涂料分别由多家供应商提供，而现在各道工序只采用一家供应商，而最终要选定哪一家，则要视各供应商提示的报价在四个月后选定。

虽然涂料厂家削减成本的余地相对较大，但西井涂料只不过是一家和厂家合作的涂料销售商而已，自己能够削减多少成本一开始就很清楚。如果是靠成本决胜负的话，那么被日产抛弃是再正常不过的了。而且，一旦被日产抛弃，那么势必还会给其他行业的客户带来影响，有些客户甚至认为"涂料商社已经不合时代"而改变贸易方式。一史不禁对形势的发展做最坏的打算。

自己公司的存在意义是什么？想要继续生存下去，又靠什么来吸引客户？战斗也就从寻找这些意义开始。

首先负责日产的苅田营业所（福冈县苅田町）15 名员工以 1 天、1 周、1 个月、1 年为单位分别写出自己的工作内容。结果他们发现了一些"看不到的工作"。比如涂装生产线出现问题时，他们立刻能够根据用户的要求做出回应。对非喷涂区域的保护材料，他们也根据用户的要求供货。"这东西你们没有吗？""这个你们能做吗？"面对用户的种种要求，员工们四处奔走，不遗余力。对此，一史开始反省。

"我们以前只关注营业成绩这类表面数字，而对这些数字背后所凝聚的员工们的努力，却是到现在才意识到这一点，真是让人感到羞耻。在其他地区，这些服务都是涂料厂家的应尽之责，但是在偏远的九州，厂家很难顾及得到，而作为销售商的我们就承担起了这项任务。这就是我们独有的强项。"

负责营业的博文决定将自己公司强项整理成一份资料，面呈日产公司的干部。当时，由于日产的干部们很忙，很难见到他们，于是他就去干部的家里拜访，把礼物和资料一起交了上去，或是查到对方下榻的酒店，将资料存放在酒店前台，或是在日产九州工厂的停车场等他们。也许有人感到不快，但这是博文能想到的唯一办法了。

随着供应商决定日的临近，苅田营业所员工们也愈益不安。

"我们有胜算吗？"

有些员工会忍不住直接向经营层询问。这时，博文就会仿佛鼓舞自己一样高声回答：

"笨蛋！要是你觉得会输，那还能赢下来吗？削减成本也好、提高品质也好，只要是好点子，那就立刻去执行。但是我们要堂堂正正地做，决不能使用卑鄙的手段。只要我们这样去做，日产的负责人就一定能够看得到。"

就这样，他们在新做成的提案书上凝聚了全体员工的心血。然后在西井涂料产业的苅田营业所，他们将制作出的提案书亲手交给了日产的采购担当。在过去的四个月里，他们能够做的一切都尽力去做了。这份资料，弄不好就会令营业所甚至公司毁于一旦。在这种紧张、异样的气氛笼罩着的会客室里，博文和日产的负责人相对而坐。前来端茶的女员工也因为极度紧张，手也不停颤抖，如果没有博文的帮助，她都不能把茶杯送到桌上。

2000年2月10日，招标结果的发布日。他们收到了"终止中间涂料和表层涂料的供应关系"的通知。而不知什么原因，底层涂料还可继续供货三年。可是，就在这一瞬间，中间涂料和表层涂料合计 24 亿日元的销售额没有了。后来才知道，外资涂料厂家所提出的价格比他们预想的更便宜。

博文说他当时曾这样想过：

"如果还有些事情我们没有做到的话，那还好说，可我们已经尽了全力，却没有得到一个好结果。我感到沮丧至极，觉得公司完了。这次虽然还剩下底层涂料业务，可三年后一定会落选。业务会越来越小，最终这家从战前就一直打拼下来的公司只得关门大吉了。"

就在这万念俱灰的时刻，博文脑海中突然浮现出了稻盛先生经常在盛和塾说过的一句话：

"当你以为不行了的时候，那才是工作的开始……"

博文对当时的心情至今还记忆犹新。

"已经不行了，这就是我当时的心境。可是塾长却说这并非结束，而是开始，一决胜负的时刻这才刚刚开始。塾长说得真好。一想到这里，我的心情稍微轻松了一些。"

底层涂料选定前还有时间。博文在第二天早上，召集营业所的全体员工。

"虽然结果很遗憾，但是大家已经尽力。这是一场漂亮的战斗。我为大家感到骄傲。"

博文的话刚说完，就有几个人开始抽泣。看到这种情况，其他员工们也忍不住了，全员都哭了。然而博文却毅然决然地说道：

"这并不是结束。面对三年后的新招标，真正战斗这才刚刚开始。我们一定要活下去。只要你们在，我相信一定能做到。我会守护着你们，希望你们能相信我。凭借大家的力量，我们一定能复活！"

博文告诉我："其实我还有没有能力保护好大家，当时连我自己也不知。"可是，要让绝望转变为希望，能做的唯有给大家鼓劲。

其中一名员工发出了"一起干吧！"的声音。于是，"一起干吧！"的声音接二连三，此起彼伏。这情形始终铭刻在博文的脑海里。

"塾长曾教导我们：'没有比人心更不可靠的东西，可一旦把人心凝聚成一体，那就没有比这更强大的了。'这句话说得太好了！从此以后，我们公司开始出现一些变化。"

看到员工们凝聚在一起的情形时，一史一下子想起了自己进入盛和塾时的情形。当时父亲还在担任总经理，自己是负责公司总务和财务的董事。在福冈举行的盛和塾例会上，一史向稻盛提出了一个问题。

"我们公司是以九州为中心，从东京到鹿儿岛开设了25处营业所。我也想把从塾长那里学到的哲学，分享给公司的员工们，但是从空间和时间上却很难实现。能否告诉我凝聚人心的秘诀?"

可是稻盛却皱着眉头，对一史当头棒喝："掌握人心，没有什么秘诀!"

"管理多家营业所或许会很辛苦，你只能多走动，多和现场的人沟通，这是掌握人心的唯一方法。说没有时间，那只是一个借口。你只能带着热情，哪怕是爬也要爬遍所有的营业所。只要有热情，你就能说服你的父亲。'为了能让公司变得更好，请每个月给我三天时间，脱离日常业务。我想用这几天去巡视四到五家营业所。'如果连这个决心都没有，那你还能干什么?"

一史当时羞愧得想要找个地缝钻进去。什么是掌握人心? 当时的一史完全一头雾水。

为什么稻盛能够把众多员工的心凝聚在一起? 从那以后，一史在盛和塾上对稻盛的一举一动目不转睛，细致观察，而同时他也经历了多次醍醐灌顶似的开悟。

例如，在有一次例会上，稻盛曾对某个发表报告的学员严厉训斥。当主持人宣布"进入休息时间"后，就在会场里的学员们纷纷站起来的瞬间，稻盛突然从讲台上下来，直接走到坐在正对面桌子前的发表者的妻子身边。

"我刚才对你先生说得有些严厉了，对不起啊! 夫人，请你开导一下他吧，拜托了。"

在一旁看到这一切的一史，身体像通了电一样。稻盛先生在一个不被其他学员注意的绝妙时机，为学员和他的妻子一下子就消除了顾虑。如果对他人没有体恤之心，这是绝对做不来的。

一史决定继续跟随稻盛学习。他希望如稻盛倡导的那样，和员工建立一种更具人性化的关系，而不是像"雇佣方"和"被雇佣方"那样截然对立。他以稻盛的"大家族主义"为目标，在公司内进行了多种尝试。或许是这种地道的努力获得了回报，当公司在面临大客户消失的危机之下，员工们并没有四分五裂，反而更加团结。这让一史感到高兴。

事实上，尽管公司失去了表层涂料和中间涂料的订单，但这反而更加激发了西井涂料产业的员工们的斗志。

其他营业所员工们的情绪也发生了变化。他们听说苅田营业所的成员们，为了能继续存在下去，付出了极大的努力，纷纷表示："为了能让领头的苅田营业所继续存在，我们也要加油。"于是，连长年赤字的营业所也开始变为黑字，员工们奋斗的精神让西井兄弟大吃一惊。

虽然输掉了战斗，可明白了自己的强项是在服务方面，这也是极大的收获。他们通过提出不良涂装的对策提案、去客户工厂进行涂装技术研修等一系列了解客户需求的举措来努力开发新客户，并在不断积蓄新知识和业绩的基础之上，不断地向日产提出各种改善方案。

"涂料销售商想要开展全球经营是很困难的。我们只能针对九州当地企业把我们能做的事做得更彻底一些。带着这样的决心，在过去的三年间我们付出了加倍的努力。"一史回顾道。

于是又在 2003 年迎来了底层涂料工序的决定日。如果这项工作也失去的话，或许一切就结束了。博文带着这种忧虑，踏上了去往客户的路。

这时接到了公司打来的电话。

"中标了!"

那一瞬间，博文顾不得别人的目光，眼泪哗啦哗啦地流了下来。和他在一起的客户被吓了一跳，担心地询问他怎么了。与此同时，正在参加行业交流会的一史也在电话的一端哽咽难语，眼泪直流。

后来得知，这次中标靠的不是成本优势，而是熟知日产工作现场的准确提案，以及西井涂料产业所付出的热情。还有一种说法，真伪难考。据说日产的某位干部在公司里说："那些家伙（西井涂料产业）我们能帮就帮一把吧!"而这个人就是从上次表层涂料、中间涂料的战斗开始，博文多次将资料亲手交给他的那个人。

公司在日产复兴计划前有 250 亿日元销售额，其后销售额一直保持在 200 亿日元左右。他们通过舍弃利润率较低的业务，实施高收益战略，利润额反而比以前还有所增加。当然，经过日产的复兴计划之后，公司上下一心同体，也促进了利润的提高。

西井兄弟还有一段难以忘怀的回忆。

在开会讨论如何渡过复兴计划这个难关时，某个营业所的所长咳嗽不断，声嘶力竭。"你没事吧？快去医院看看吧！"一史在一旁催促道。几周后接到消息，这位所长被诊断为肺癌。

这位所长在住院时还牵挂着公司和同事。一史、博文和部下们去探望他时，他还不断地出主意、提方法。

癌细胞已经扩散。在用完带薪休假后，在一史的关照下他的收入和健康保险仍然得以保持，但这种状况难以持久。

"员工们都很清楚，如果没有收入的话，就没钱付住院费。员工们都很担心，都来对我说：'总经理，我们能做些什么呢？'于是我考虑以临时工的形式雇佣这位所长的太太。当然，这只是形式上的雇佣关系，她并不能成为公司的战斗力。'她的工资可得由你们营业所来负责哟'，'我们会努力的，请这样做吧'。虽然这位太太谢绝了我们的好意，但他们确实是一帮关怀同伴的好伙伴。"

这位所长大大超过了医生预告的存活期，又生存了四年。虽然在表层涂料和中间涂料的工序中失败了，但他却看到了捍卫底层涂料业务的同伴们奋斗的身姿。

守灵当天，一史和许多员工一起，向他做最后的告别。

在双手合十，瞻仰遗体的瞬间，大家不由得屏住了呼吸：去世的所长穿着公司的制服躺在棺材里。他常年穿着的深蓝色夹克工装，甚至还系着领带。据说这是他本人的强烈要求。一史和员工们顷刻间都哭出声来。

这名员工去世后，他的妻子每年都会给一史送一瓶酒，并说："请在年末的忘年会上喝吧。"到了第十年，里面多了一封信。

"我丈夫已经去世多年。我经常在反省，自己已经不再是公司员工的亲属，一直以来我的这个做法是否合适。可是，非常抱歉，请让我坚持到明年吧。如果丈夫还活着，明年就该退休了。我想让丈夫作为西井涂料产业的员工，迎来他退休的日子。"

一史深有感慨地说道：

"对西井涂料产业来说，有那样寄托着温暖情谊的员工和他的家人，这是非常让人感动的。在公司工作的同伴，原本都是不相干的人，然而却朝着相同的目标努力。有时你会听到'这样可不行'的训斥，有时也会听到发自真心的鼓励，'你做得很好'。经营者必须将公司打造成员工们和谐相处、休戚与共的场所。我从塾长那里学到了很多知识，但是我认为这才是最核心的内容。去世的员工和他的妻子通过这个事例告诉我，虽然我们还是刚刚迈出了第一步，但是我们是朝着这个方向前进的。穿着制服踏上旅程的他和我们的心是相通的，他不会感到孤独。如果有人问我什么是经营者，那么努力建造这样的家族式公司——这就是我的答案。"

师曰："我认可你的努力，但是你的志向太低。"

千叶县境内的木更津港，承担着京叶工业地区的物流重担。而在港口的填造地上，矗立着一块巨大的蓝色广告牌，这里就是平野商事的总部。平野商事主要是运营自动售货机业务：安装自动售货机、定期补充灌装饮料等商品和回收现款。公司共有 75 名员工，以千叶为中心，事业还拓展到了东京、神奈川等地。

总经理平野义和年轻时是个拳击手，曾参加过多次拳击比赛，因此看上去浑身都是肌肉，而且有一种独特的强大气场。

"你说，这世界上是不是到处都充满着矛盾？"

在我们向平野说明了采访的主题后，他这样打开了话匣子。

"我呢，曾经很穷。我是贫民窟的穷孩子出身，从小就受到别人的歧视。尽管我棒球打得很好，可是穷得连一套球服都买不起，因此没能当上棒球运动员。而那些棒球比我差的人，却因为是 PTA 会长的公子，穿上了球服。而且有钱人家的孩子,在学校也会得到老师的宠爱。也许是我运气不好,遇到了这样的老师吧。其实学校的老师是不应该对学生差别对待的。"

平野在小学四年级时,父亲在外面有了女人,离开了这个家。妈妈也了解平野内心的痛苦,可还是不得不让他承担起找父亲讨要生活费的角色。平野对此是厌恶至极,他不能原谅抛弃他们母子的父亲。平野在心里立下誓愿:"总有一天我要当一个有钱人,洗雪这种耻辱。我还要让母亲生活幸福。"就这样,平野开始朝着实业家之路迈进。

平野高中一毕业就进入当时待遇最好的新日本制铁。24 岁时已经存了 200 万日元,开始创业。他做过茶叶和化妆品的游商,只要赚钱的工作他都做。可是看上去谁都能做的贸易工作其实并不简单,200 万的本金很快就赔个精光。就在他走投无路之际,有朋友给他介绍了自动售货机的工作。

"行外人看不出来,为了争夺自动贩卖机的设置,竞争非常激烈。那种竞争不是互相争夺,而是互相毁灭。各家都提出想象不到的优惠条件,为的就是把自动售货机里的商品全部换成自己的。在外界看来可能过分的事,在这个行业里却是再普通不过。所以我说呢,这个世界上到处都是矛盾,总是让你心有不甘。"

也正是在这个时候,他听到了稻盛的演讲。

"做正确的事，就会得到正确的结果。做错误的事，就会得到错误的结果。"

稻盛举出自己创办京瓷和 KDDI 的事例，侃侃而谈。做了正确的事却没得到回报，那是因为你的努力还不够。这一席话，警醒了已对世间的一切感到厌倦的平野。1995 年，平野敲开了盛和塾的大门。

可是，虽然平野频繁地参加塾长例会，可在忙乱的现实中，他却不知道应该从何处以及怎样去实践稻盛的教诲，在接下来的七年里，他只满足于聆听稻盛的教诲，如此而已。后来，有一件事终于让平野觉醒了。

2002 年 6 月 19 日。在当地木更津市举行的塾长例会上，平野就有关自己这半生的经历做了 30 余分钟的"经营体验演讲"。

在稻盛和大批学员面前，他毫不隐瞒地剖析了自己。家庭环境带来了自己的创业欲望，随波逐流经营起自动售货机行业，营业额达到 15 亿日元但竞争惨烈，经营极不稳定，以目前这种状况恐难保护员工的生活，因此计划从事餐饮行业，未来还计划涉足通信行业。还有不知为何，自己越努力，辞职的员工就越多……

平野觉得自己经营公司已经很努力，他对自己从一无所有到创办了一家销售额达 15 亿日元的公司，多少有些骄傲。

可稻盛却把平野的自满击个粉碎。

"一项事业还没有充分做好，却匆匆忙忙地又想要着手多项事业，你在想什么呢？你所做的完全是胡乱经营！各位听着，你们可不能向他学。我敢肯定，这样做一定会破产。如果公司没有垮，只能说是上帝在保佑你。经营者的使命是让员工和他的家人幸福。通过自动售货机行业应该如何去实现这一使命？你要仔细想想，踏踏实实地投入到你的经营当中去。"

原本意气风发地在台上发表演讲，却被评价"不能向他学"，不难想象这对平野的打击有多大。大概是稻盛也体察到平野的心情了吧，第二天早上，平野和稻盛等相关人员在会场的酒店吃早餐。从 7 点多开始，他们一边吃一边闲聊了将近一个小时，然后就在大家准备各自回房之际，稻盛叫住了他。

"平野，你留一下。"

平野刚在稻盛面前坐下来，稻盛便平静地对他说：

"昨天的演讲很难受吧。不过，我还有些话没对你说呢。平野，你的志向太低了。木更津这里有山吗？……太田山？海拔多少米？50 米？傻瓜，这能算是山吗？只是个小山丘。我看，你就是这座太田山。在你的眼里只有这座穿着拖鞋就能爬上去的低矮的太田山。我刚开始创办京瓷的时候，我的第一个目标就是要做到中京区第一，然后是京都第一，关西第一，接着是日本第一、世界第一，要爬的山一座要比一座高。如果想要攀登高山，就必须进行训练、制订计划、锻炼身体，然后还要把攀登方法教给和自己一同登山的人。目标不同，你要做的事情也不一样。你要是觉得爬上这座山顶就可以休息了，那就是大错特错，作为一名经营者，这种想法一生都不该有。所以，做一个经营者，就不得不殚精竭虑，奋斗不息。而这样做又是为了谁呢？难道不是为了员工和他们的家人吗？我们就是有着这样的使命。我很认可你的努力，可是，你的志向太低。你应该要以更高的山为目标。不要以为有了 15 亿日元的销售额就这也想做那也想做。只要能全身心地做好一件事，你就一定能成为一名优秀的经营者。你知道吗？"

字字珠玑，稻盛的每一句话都鲜明地烙印在平野的记忆里。"公司是我的公司。我要当个有钱人，我要幸福……迄今为止，自己所做的一切都是为了自己。在这样的公司里，员工感受不到工作的意义，他们只是成了总经理欲望的牺牲品。无论我多么具有正义感，无论我多努力，像我一样只为自己考虑的经营者，当然不会有员工愿意追随。进入盛和塾的七年里，虽然多次听过塾长的演讲，却还是什么都不明白。可自从那天以后，塾长的教诲总算浸入我的内心，开始迸发出能量。"

几天后，录有塾长例会情况的带子送了过来。看到在讲台上被稻盛训斥的自己,同时回想起第二天早上两人单独的交流,平野的眼泪再也忍不住了。为了这样一家中小企业的糊涂总经理,塾长还愿意全心全意地告诉他"什么是经营者"。平野将带子多次回放,在总经理室里一直哭了几个小时。

首先要考虑的不是自己的幸福,而是员工的幸福。在心中立下誓愿的平野首先要改变无计划的经营方式,开始在公司推广稻盛推荐的阿米巴经营。

阿米巴经营是从每天准确累积各个部门的数字开始。平野的公司之前的内部管理很混乱,通过再次清理公司内部的票据,竟然发现还有 1800 万的应收账款。那是原本应该从饮料厂家那里收取的返点费,但是这笔过去三年的总额,公司财务人员竟然忘了发出付款通知书。此外让负责配送的员工去各个现场将输入手持终端的销售额和营业所的商品库存每天进行比对,将以往以一箱为单位来确认的比对工作,现在改为以一瓶为单位。

可是,原本是为了员工而进行的改善工作,却经常给作业现场带来混乱。库存比对改为以一瓶为单位,这导致加班增多。对此很抗拒的员工大量离职,不得不从其他营业所调派人手来救场。

对此平野进行了反省。"我后来也思考过,为什么要改变作业方法?为什么要在公司推行阿米巴经营?我的思想并没有渗透到公司里去。虽然我把这些精神传达给了营业所长，而对员工的说明工作却甩手交给了营业所长。本来是想进行以员工为第一的经营，可是却变成这样。我也是在四处碰壁中逐渐学习改进的。"

引入稻盛哲学的公司，其改变并非一夕之功。不过只要肯花时间，大部分组织一定能出现实际的变化。平野也通过酒会等方式，增加了和员工交流的机会，总算将公司的向心力凝聚起来了。

负责配送的员工的意识改革也取得成功。配送部门很难像营业部门一样通过自身的努力提高销售业绩。平野一直在苦恼，要怎样才能调动他们的积极性呢？他让各个营业所各自独立，以阿米巴（结算单位）来进行提高收益的竞赛，于是各个营业所或是对商品组合提出建议，或是重新修改送货路线以节约燃料费用。由于员工们的建议和努力会直接反映到数字上，因此大家都积极地投入到工作当中。

当各个部门的阿米巴经营都稳定后，利润率也节节攀升，公司也摆脱了赤字。接受稻盛忠告而一度缩小规模的餐饮业务也再度发力，以"拉斯佩兰萨"为店名的意大利餐厅，现在已经成为一家营业前就有人排队的名店了。

经营步入稳定，平野便着手完善公司的福利待遇。他改善了离职金制度，还引入了给在职死亡员工的亲属 2000

万日元慰问金的制度。平野发誓:"要一步一步地提高标准,要从各方面保护员工利益。"

走自己认为正确的路,要胸怀大志,一切要以员工为先,平野从稻盛那里学到了很多。除此以外,平野还从稻盛那里学到了很重要的一点。

盛和塾很早就在拥有大量日资企业的美国和巴西开办了分会。2005 年,举行了"盛和塾纽约"的开塾仪式。在纽约仪式后,又在洛杉矶举行了演讲会,平野在会上发表了自己的经营体会。

会议结束后,稻盛邀请平野等人"一起去吃点东西"。大家跟在稻盛身后,原本期待"一顿豪华的牛排大餐",结果却走进一家卖便宜商品的本地超市。大家面面相觑,心想:"哦。穿过这家超市,那边一定有一家很不错的餐厅。"可稻盛却走到了无论怎么看都稀松平常的日本食物区。

刚一站定,稻盛就问道:"平野,你不喜欢日本餐吗?""塾长,日本餐当然是我最喜欢的。"当时他只能这样爽快地回答。放心下来的稻盛点好了自己喜欢的牛肉饭和素乌冬,开始津津有味地吃起来。

可是,平野点的餐却一直没有端出来。稻盛看到后将素乌冬推到他面前:"来,吃一点吧。"由于担心自己的筷子触碰了稻盛的食物,平野站起来说:"我去拿个盘子。"稻盛却制止了他。

"就这样吃。我们不是心灵相通的朋友吗?"

被宛如天神一般的稻盛称为"心灵相通的朋友",平野说自己当时"完全呆住了"。这并不是稻盛的客套话。一直有着"盛和塾聚集了一帮心志高远的伙伴"这样的意识的稻盛,很喜欢对学员用"心灵相通的朋友"这样的表达方式。

"餐后还有个故事呢。用餐结束后,塾长问道:'平野,算一下账。'我回答道:'45 美元。'塾长一下子拿出 5 美元:'我们有 10 个人,AA 制。''谁很了不起、谁的公司大,在这没有任何关系,大家都是平等的。'这位创办了销售额达数兆日元公司(京瓷和 KDDI)的人这样说道。那些装模作样、不可一世的总经理我见得多了。在这里,我只是感激的份儿。"

有一天,平野收到了稻盛通过他人发来的一份邀请。

"喂,平野,你能来京瓷演讲吗?"

平野呆住了。

"什么?让我去京瓷演讲?我这边只是一家销售额 15 亿日元的中小企业。而那边是一家销售额 1 兆日元的大企业。而且塾长是让我'在京瓷的董事干部研修会上演讲'。虽然如果能有什么能帮到塾长的话,我都会义不容辞,可是为什么会是我……"

而稻盛的真意似乎是在这里。

虽然京瓷的干部很努力,可在稻盛看来,还欠一些热情。他想让干部们听一听奋斗在生死存亡边缘的中小企业经营者的演讲。于是,从盛和塾的学员中选出了虽然有些大大咧咧却一直在努力前进的平野。

"的确,像我这样的糊涂经营者只要肯认真努力去做,公司也会一点点地变好。可这对京瓷的各位干部不会有任何参考意义吧,我只能把这次演讲也当作是一次学习了。"

演讲当天,在正襟危坐的京瓷干部们面前,平野这样说道:

"想必各位都是毕业于京都大学这类一流大学的优秀人士吧。在各位面前,我不知道自己应该说些什么,可是稻盛塾长却命令我来。像我这种穷人家的孩子白手起家创办了公司,然后学着别人的样子经营,后来遇到了塾长,受到了许多教诲,通过努力,总算取得了一些成就。虽然我们还是一家小公司,可是我却想让公司在只有 13 万人口的小镇木更津成为业绩最好、员工收入最高,在任何地方都能拿得出手而不会觉得不好意思的优秀公司。这就是我的目标。"

一个小时,平野想到哪儿就说到哪儿。更让平野吃惊的是,京瓷的干部们听了自己拙劣的演讲,都认真地做了笔记。不仅如此,在一个小时的演讲结束后,又进行了很长时间的问题回答,历时两个半小时。

"平野先生,当面对这种困境时,应该如何应对呢?"

"部下不听我的话,应该怎么办呢?"

　　麦克风在董事干部间轮流传递，一个个问题抛向了平野。

　　平野笑着说："让那些毕业于一流大学的人提问两个半小时，我都想给自己一个表扬，你干得真好！尽管我有一半的问题都没有回答上。"

　　后来，平野收到了京瓷干部们的感谢信。每封信都是好几张信笺纸，对平野表示感谢，字字暖人心肺。

　　"在看信时，我流下了眼泪。我告诉自己公司的干部们，肯花三个半小时来听中小企业一个老头演讲的大企业经营者，除了'稻盛和夫'还有谁？从这里我学到了，作为一名经营者，无论任何时候都要做到'谦逊不傲'。"

　　据说在平野心中还铭刻着稻盛这样的一番话。

　　"人生的目的就是当他死的时候，他的灵魂要比出生时更优秀、更温和、更美丽……"

　　正是通过接触稻盛的教诲，平野"扭曲的内心才逐渐恢复"。不可思议的是他对父亲的愤怒也缓和了。或许离婚并非其中一方的问题，父亲有父亲的情况。他这样原谅了父亲之后，已经去世的父亲现在时而也会出现在他的梦里。

　　父亲总是微笑着说道："义和，对不起。你要加油哦。"自从父亲离开家后，平野就再也没见过父亲的笑容。这些微笑都存在于记忆中，那是小时候和父亲一起快乐玩耍时的笑容。

师曰："不投入灵魂，就不算是经营。"

每到节假日，横滨市港北高速出口，通往"宜家"方向的公路都会大堵车。年轻的夫妻、情侣为了购买北欧的现代风格的家具，不论远近，纷至沓来。与这份喧闹相对比，如果将方向盘朝"宜家"相反的方向打，就能看到一片很旧的工厂区，盛和工业就在工业区的一处角落里。

这虽然是一处包括临时工在内才 37 人的小工厂，可他们的工业用油压控制装置却有着极高的品质，以制铁、造纸工厂为首的国内许多知名大企业都是他们的客户。

公司名为盛和工业，但和盛和塾没有一点关系。作为创业者的现任会长，栗屋野香和稻盛一样都来自鹿儿岛。他选择了本土英雄、西乡隆盛的"盛"字，然后结合和平、和气的"和"字，取名为盛和工业。现在是由他的长子栗屋野担任总经理。

栗屋野 30 岁时加入盛和塾。1993 年，他和父亲帮助盛和塾在横滨开办分会，与此同时加入了盛和塾。当时他连稻盛的名字都没听过，更别说他的经营哲学了。第一次听稻盛演讲时，栗屋野也和当时大部分学员一样，觉得像是在听和尚讲话一样。语气平静地讲述人的内心世界，这让稻盛看上去怎么也不像一个经营者。可是，稻盛的讲话却解决了当时作为经营者的栗屋野长久以来的烦恼。

"在你们媒体面前这么说可能有些不敬，像我们这样的街道工厂可没少被你们媒体打压，说我们是 3K（危险、脏、辛苦）企业。我们这些从底部支撑日本产业的中小企业的技术，被你们一句 3K 就给收拾了。于是，员工流失，愿意来工作的人锐减。大家都觉得轻轻松松赚钱最体面。这种价值观不断扩散，就连技术人员都开始看不起现状，都去美国的商学院读 MBA（工商管理硕士）。本来街道工厂是一件值得骄傲的事，但外界却不这么看待我们，这让我们感觉到隔阂越来越大。当时，我不知道该用什么样的'思维'来经营。"

盛和塾里有许多街道工厂的经营者。有小型运输公司的总经理，也有从事土建工作的总经理。还有来自遭受外界歧视的行业如弹珠公司和殡葬公司的经营者。他们都是在日本各地挥洒着汗水、追求着远大志向的中小企业的经营者，他们在塾长例会上认真地做着笔记，有时还会在稻盛和几百名学员同伴面前，讲述自己的经营人生。

稻盛白手起家、艰苦创业的人生经历，令这些中小企业主们感同身受。这是他们能够聚集在一起的最大原因。而稻盛会对他们的想法做出回应，给予最大限度的声援。

"京瓷也是一家在高热环境下烧制陶瓷的 3K 公司。可它还是发展成这样一家大企业，所以你们也一样能做得到。首先要明确经营理念，要把工作的意义向员工说清楚。那就是向员工们申明大义，我们的工作是这样有益于社会，这样就能激发员工的力量。"

稻盛的这番话，不知道给栗屋野带来了多大的勇气！

"以前我虽然也有在街道工厂工作的自尊，可内心里还是有反正自己是承包商、反正自己是中小企业的思想作怪，总觉得抬不起头来。听了塾长的话，我才明白。不管外界说什么，我就是我。我不再感到迷茫，我要自觉到自己的存在，带着自己的本分去从事我的经营，这就够了。"

于是，自己的心轴定下来了。

可是，栗屋野的问题这才是开始。他的想法始终无法传递给员工，其原因是因为"他是第二代"。

"从我 30 多岁开始父亲就把大部分经营工作交给我。可是，我这个理所当然的继承者却是被动的，和作为创业者的父亲想比，总是显得能量不足。我作为总经理的儿子突然加入公司，既没有技术，销售业绩也比不上前辈员工。尽管我很愿意付出努力，却总是无法得到他们尤其是一些老员工的认可。"

第二代的领导力。想要掌握这种能力还须经历一番修炼。

在 IT 泡沫破灭后的 2001 年，由于大客户削减了设备投资，盛和工业的工作量缩减到了之前的五分之一。原本年 4 亿~5 亿日元的销售额，突然剧降为每个月只有几百万日元，公司陷入进退维谷的窘境。

于是，公司发动员工清扫工厂，不放过任何一个角落，不留下一棵杂草，可以做的事情都做完了，最后只能让一部分员工在家休息。这时，作为新项目和东京大学共同开发的运用光触媒技术的空气净化器工作虽然还在推进，可由于无法投入足够的资金和人员，始终无法实现商品化，而银行贷款却在一个劲儿地膨胀。最后公司不得不关闭两家工厂中的一家，倒闭似乎已经进入倒计时。

危机感在公司内部不断蔓延，近三分之一的员工陆续辞职，而且都是一些工作能力很强的员工。得力员工的短缺，给公司业务带来不良影响，栗屋野不得不兼顾起营业和工程设计工作。那些日子里，他每天的睡眠时间只有三小时。

怎样才能摆脱这种危机呢？栗屋野在走投无路之际，来到盛和塾。"就像行走在沙漠中，嗓子饥渴得快要冒烟了。"这就是栗屋野当时所表现出的精神状态。

他在如饥似渴地听着稻盛的讲话，稻盛的每一句话每一个字都沁润着他的心田。与此同时，栗屋野对自己产生了一种强烈的厌恶感。因为入塾八年来，他几乎从未把稻盛的教诲付诸实践过。

例如，稻盛教诲中有一条"付出不亚于任何人的努力"，我做到了什么呢？仔细想想，我连"付出不亚于任何人的努力"是何种程度的努力都没理解。栗屋野虚心向学员们请教：

"付出不亚于任何人的努力，到底要努力到何种程度呢？"

"连续几天不睡觉地工作。"

"如果能在市场上取得领先，从结果来看你就应该是付出了不亚于任何人的努力。"

人们说法各异。

既然不知道"不亚于任何人"的程度是多少，那就只有在实现之前不懈地努力了。于是，栗屋野决定要认真实践"经营原点12条"。

以"明确事业的目的和意义"开始的12条，是稻盛在京瓷创业初期总结的精髓。"付出不亚于任何人的努力"位列第四条。栗屋野为了能够将这12条的精髓吸收，他决定用自己的语言来重新书写这些条文。因为他想起之前有位前辈学员曾对他说过："必须以塾长的教诲为基础，制定出自己的经营方针。"

学员中虽然不会有人深入深山修行，可是当他们经营遭遇困难时，有些人会找一家酒店连住几天，静心思考稻盛哲学。可栗屋野没有多余的时间和金钱去住酒店，他只能每个星期天一个人来到公司，一边阅读稻盛总结的"京瓷哲学"和著作，一边思考 12 条的意义。

例如，最后的第 12 条所写的"以诚实之心开展经营"。

栗屋野原本以为只要能认真听别人的话就是诚实，可稻盛却并不这么认为。稻盛这样苦口婆心地劝诫道，承认自己之不足，加以反省并付出努力，只有做到这些那才是真正的"诚实"。如果行为不做出改变，那也只不过是听听而已。"我的理解还是太浅薄了。"栗屋野深为自责。在意识到自己学习还很肤浅之后，他在和其他学员交流时开始更加注意，也经常会发现"原来大家已经理解得如此深入"，因而惊叹不已。

他就这样一条条地去理解 12 条，然后结合自身，将其转变为适合自己的语言。就这样写了又擦、擦了又写。像修行僧进行禅宗问答一样，慎重地打磨语言，有时思考一整天也找不出好的表达。但是必须要重建公司的信念推动着他，就这样，栗屋野花了一年多的时间，终于总结出了盛和工业的经营理念。

"公司要追求全体员工物心两面的幸福，为社会进步做贡献。公司在提供让客户满意的技术、服务、产品的同时，要实现销售最大化、费用最小化，光明正大地追求利润。"

1. 人生须持善良之心、诚实之心；

2. 人生不可有恶念；

3. 热爱工作、投入工作、在工作中磨砺自己，从工作中找到乐趣；

4. 燃烧自我，提高心性，追求自身无限的可能性；

5. 人生总是苦乐相随。

不可思议的是，在思考这些语句期间，栗屋野和员工之间的关系也比以前更加融洽了。栗屋野自己分析，或许是自己言辞方式改变的缘故吧。例如，不再一味地说："为了提高品质，你们要付出更多的努力。"而是会去问："某某君，你做出这种东西就满足了吗？"他明白，这句话更能激发员工的自尊心。

"我自己也很吃惊，我能够很好地使用语言了。深入思考了语言的意思后，只需要用简单的语言，就能直达对方内心深处。塾长曾说过，'好好儿干吧'比'好好干吧'更能传递思想。或许这就是所谓语言的魅力吧。于是我明白了，只要是发自内心的话语，即便是比自己年长者也是可以说服的。这样说来，稻盛塾长在第一次见到学员时就能一下子看清对方的本心，有时会严加斥责。我想他之所以能做到这一点，是因为短短的一句话也能完全表现出一个人的个性吧。"

直面困境，在和自我斗争的同时，栗屋野感到自己明白了一点所谓领导的真义。那么接下来，他该怎样把经营理念传递给员工呢？

理念的基础说到底就是稻盛哲学。因此，他让全体员工每天早上一起朗读盛和塾推出的特制日历上所写的稻盛语录。然后让员工交流对语录的感想，栗屋野再进行补充。"因为语录中出现了一些佛教用语，员工们一开始感到疑惑。而如果说起哲学，员工们可能会更加敬而远之。因此我就说是'人生的处世之道'，把哲学这个字眼屏蔽了。"

为了实现理念中的"销售最大化，经费最小化"，他引入了阿米巴经营。每月对全体员工公开各个部门每天的决算金额，然后进行讨论。

"在这之前，工人们从未见过会计方面的数字。他们看得懂的也就只有水费之类的，还会问租赁费是什么之类的问题。我不厌其烦，细心解释。经过多次对这些数字核对验证，员工们也开始能提出各种问题了。塾长曾说过：'决算书就是一部情节剧。'员工们通过观察阿米巴经营所计算出的日决算报表，就能发现'那个部门的那家伙原来是通过那个办法，才用了这么少的电啊'。我自己也是通过每天凝视这些只罗列着数字的决算书，开始了解员工们的工作方式。"

业绩恢复了，员工们的凝聚力也增强了，这些都是数字背后隐藏的内容。越来越自信的栗屋野作为经营者，还要作为一个普通人，必须先去处理一件事，那就是妻子的疾病。

妻子以前也曾作为员工来公司帮忙，给变得消沉的栗屋野很大帮助。一天早上，和平常别无二致的妻子突然就站不起来了。经过医院检查，原来是妻子脊髓内静脉肿胀，这是一种发病率仅为数十万分之一的疑难杂症。从这天开始，妻子不得不过上轮椅生活。也许是因为强烈的精神打击，好几次妻子都说"还不如死了好"。

栗屋野最小的女儿才两岁。每天大清早，栗屋野要为大孩子做便当，然后把孩子送到幼儿园去。进入公司还没来得及喘口气，客户的电话就来了："请马上来一趟。"于是急忙赶到客户那里去，风风火火连轴转，连哭的时间也没有。"经营危机，妻子病倒，为什么总是我遭遇这么多不幸？"抱怨的话刚到嗓子眼，他又把它咽下去了。因为他一旦说出口，那一瞬间家庭和公司就会走向崩溃。自己能做的只能是面对现实。

几乎要自暴自弃的栗屋野忽然想起了稻盛的老师、思想家中村天风。于是从书店买来他的书，在病房里与萎靡不振的妻子一起读起来。

"身体可患病，但不能让心灵患病。"

读到这一句时，他们夫妇俩相对而视。身体不自由这并非不幸，不幸是因为你自觉不幸。一个人幸与不幸，取决于他的思想。

　　在此之前，他们夫妇俩从没有一起谈论过人生。与爱妻结婚，然后理所当然地生育孩子。这是多大的幸运啊！妻子的突然病倒，使得他们两人第一次意识到了生与死，有了自己活在这个世上的感觉。"不能让心灵患病。"他们决定齐心合力，共渡难关。眼前的阴霾一扫而空。

　　有了这次经历之后，栗屋野也发生了一些改变。

　　在这之前，栗屋野一直认为，"在公司里，我是最辛苦的人"。站在公司重建前列的是我，把稻盛哲学教给大家的是我。"我平时也很在意员工的情况，但那是因为我是一个经营者，而不是出于对员工的爱。"

　　可是，妻子病倒后，经营、就医、带孩子，沉重的负担压迫着栗屋野。而且，随着业绩的上升，工作量也增加了，栗屋野只能依靠员工。

　　"那时我才真正从内心对员工说一声：'谢谢。'现在回想一下，当时的'谢谢'和以前的'谢谢'是完全不同的。当你以为自己是'最辛苦的人'时，说出的谢谢是带刺的。而当你遇到真正困难时所说的'谢谢'才最真诚。我想，通过妻子这次生病，我们感觉到自己活着，并开始感谢上苍，这种心态对我的影响很大。"

　　随着栗屋野的内心改变，员工们也出现了变化。

　　"我想，员工们也变得喜欢盛和工业了。如果经营者能发自内心地注入关爱，每个员工都会很开心的。他们看到我为了公司如此努力，员工们也变得能主动行动了。如果现在公司再次出现危机，我想不会有人辞职的。经营者的关爱，会给员工带来如此巨大的改变。没有这种体验的人是不会明白的。"

栗屋野现在意识到，不顾一切地工作并不是经营。经营是对事物进行深入思考，并身体力行之，用深深的爱去包容员工。这种深度是经营者不可或缺的要素。稻盛常说："通过体系来运作的欧美式经营是一种管理模式，称不上经营。不投入灵魂的话，那不算是经营。"栗屋野微笑着说道："在变得能诚实地说声'谢谢'后，我也开始一点一点地明白，什么是要带着灵魂了。""如果妻子没有倒下，或许我还不会明白经营者所必要的爱。作为经营者会在哪个时候觉醒，这也只能看命运了。"

曾经濒临破产的公司，现在自有资本比例已经恢复到了40%。虽然雷曼兄弟破产事件发生后，一段时期内的销售额和前一年相比下降四成，可利润率却提高了，加上员工们团结一致努力削减经费，避免了公司出现赤字。"销售减少四成依然能保证黑字让我也吓了一跳。京瓷在第一次石油危机时，最严重的一个月销售不及前一年同期的一半，而那一年依然没有出现赤字。看来这就是稻盛经营的效果。"

和东京大学一同开发的光触媒业务，随着后来的空气净化器等商品陆续投放市场，已经成为支撑公司的第二大支柱。"在资金和人才都有限的条件下，事业却依然能够开展，我想这依靠的是拼死的努力。塾长也曾说：'要做出老天都会帮你的努力。'最终能不能得到天助，也许就看你是否'付出不亚于任何人的努力'吧。"

师曰："你只是想给自己的享乐找个知足的借口罢了。"

"盛和塾的同伴曾说我有些钻牛角尖。稻盛塾长所说的
'利他''动机至善，不能有私心'这些话，本来就不是我
们这些凡夫俗子随随便便挂在嘴上的，可是，看到那些进
入盛和塾没几天的人却像是大彻大悟了似的，开口便说
'我付出不亚于任何人的努力'。你真的做到了吗？你敢肯
定吗？我觉得这些话可不是随便能说的。"

扇山信二在学员中有些另类。他既是稻盛的狂热的
"追随者"，同时他对稻盛哲学又不囫囵吞枣。他的这种做
法也算是一种特色。

扇山是总部位于千叶县市原市的 ZA 公司的总经理。公
司创办于 1987 年。由服装修缮起步，抓住了再利用行业发
展的契机。现在除了拥有二手渔具店"渔具乐园"十家、
二手高尔夫用品店"高尔夫乐园"八家外，还自己制作 T
恤，涉足许多行业。扇山购买了当地棒球场的命名权，取
名为"ZA BALL PARK"，是市原市非常有名的企业。

1996 年，正当扇山想要学习一些经营知识时，一篇杂志的报道使他走进了盛和塾。但是当时有许多问题他想不通。

例如，稻盛最具代表性的教示"动机至善，不能有私心"。

每当要开始新事业时，稻盛一定会自问做这件事的动机是否出于私心。他认为动机的善（利他）恶（利己）是导致事业成败的最大原因。

其中，稻盛创办第二电电（现 KDDI）的故事广为人知。1985 年，日本决定实行通信自由化，但是却没有人愿意参与这一行业。稻盛认为"这样的话与国不利"，于是创办了与京瓷完全不同领域的通信公司。当时他几乎每天晚上都会追问自己是否出于私心，当他认为这样做并无私心，而是"动机至善"，于是做出了这项投资决定。

可是，当扇山听到"动机至善，不能有私心"这句话从学员的口中轻轻松松说出来时，不由得皱起眉头。"尽说漂亮话，其实大家经营公司不就是为了赚钱吗？如果说'动机为钱，只有私心'的话我懂。只要你从事的事业不是对孩子说不出口，光明正大地挣钱，就算动机是为了钱，又有什么不好？创业以来我一直是这么想的。"

当然，也有不少教诲能让扇山产生共鸣。比如"要贯彻正义""经营者应该谦虚"等。另外听一些中小企业经营者的成功故事也很有意思。出于这些原因，扇山从未想过要退出盛和塾。"只是，那时一边驾驶着高级车，一边听着塾长的磁带，自己也会说'做人还是要谦虚'。可同时，一只手握着方向盘，另一只手则搭在车窗上招摇过市。现在想来，那时谦虚的意思都没弄明白。"扇山笑着说道。

扇山出生于宫崎市，是五兄弟中最小的一个。家里以前很贫穷。从事土木施工工作的父亲召集十几名员工，组成了一个作业组，辗转于九州各地的施工现场。可是在扇山五岁的时候，由于欠债，父亲不得不辞去工作。为了一家的生计，父亲开始从事废品回收，上小学的扇山也要帮忙，放学后连休息一刻的时间也没有。

在父母关爱下长大的扇山，却从未感受过贫困之苦。可是，朋友们都上了幼儿园，自己却不能去；朋友们能买东西，自己却没钱买，这在扇山幼小的心灵中深深烙上了没钱是万万不能的观点。

所以，他才会"动机为钱"。金钱欲带动物欲，"我要坐高级车""我要戴名表""我要住大房子"。扇山也是如此，当公司走上轨道，赚了一些钱后，他就开始买这买那。车子是高级进口车，而且还是那种前后加长的外国车。短时间内就更换了好几辆车。买，成了目的，因为东西一旦到手，魅力就减弱了。手表也是买了这个品牌就又想买下一个品牌，无休无止。

"当公司的第一栋木制两层的办公楼建成时，我真是高兴啊。你猜我首先买了什么？我买了一套高尔夫的练习球杆，尽管当时打高尔夫还没有流行起来。你记得吗？在有些电影和电视剧里有这种镜头，总经理在办公室里铺上人工草皮，练习击球入洞，一边练，一边听部下的汇报。就是那种，我买了一套。'太好了，我终于也有自己的办公室了！'我完全沉浸在这种成就感中，可笑吧？这就是我以前花钱的方式。"

稻盛的教诲中律己的内容很多，过惯了奢侈生活的扇山理解起来当然会花时间。如果经营不顺的话，或许会求助于稻盛的教诲，可不知这算是幸运还是不幸，扇山的事业一直都很顺利。扇山所在的地方远离大城市，公司也不多，当地的银行分行长也奉承道："在这一带成长中的企业不多，扇山总经理的经营手段真是厉害。"他也没有必要非得让自己走一段艰辛的路。

可是，扇山还是被稻盛吸引。或许是稻盛教诲潜移默化的影响，扇山对自己"动机为钱"的生活方式感到有些空虚了。但是对稻盛的话，他还是似懂非懂。他知道塾长的话都是至理名言，但是执行起来难度太大了。就拿"动机至善，不能有私心"的教示来说，人真的可以百分之百消除私心吗？

一次去京都参观松下资料馆时，他找到了理解稻盛教诲的线索。

"我观看了松下幸之助先生 80 岁时的录像。他说了这样一段话：'我到了 80 岁还是有私利私欲。可是，到了这把年纪还有这样的想法是不被允许的，因此我每天睡觉前都会反省自己当天克己了多少。'听完后我恍然大悟。对啊，塾长所说的'动机至善、不能有私心'是这个意思啊，我一下子就联系起来了。"

扇山解释说："因为人是傲慢的生物，必须时常反省'私心'。想要消除私心，就要努力。这难道不正是稻盛的本意吗？"

"塾长的话很优雅，松下先生的话很易懂。说的话虽然不同，可本质是一样的。这就像买了套高档西服，如果不适合自己的体型，那就是徒具其表。而将西服修改成适合我的尺寸的，则正好是幸之助先生的录像。"

自此以后，扇山将稻盛的话消化为适合自己的内容。

他将稻盛"付出不亚于任何人的努力"这句话转变为"要做一名'付出不亚于任何人的努力'的人"。按照扇山的理解，要做到"付出不亚于任何人的努力"是很难的。而断言自己"付出了不亚于任何人的努力"，则就未免显得傲慢。

当然，稻盛也时常将自己的话进行仔细解释。例如，"知足"这句话。稻盛要求学员们"要知足"，但同时却又要求学员要尽可能地扩大业绩。一名学员向他问道：

"我们只要创办一家好的公司就行了，如果过分追求销售额也许不太好。塾长您不是说'要知足'嘛。"

可是塾长给了他当头棒喝。

"你的公司市场占有率是百分之几？你不过是想给自己的享乐找个知足的借口罢了。如果你的公司已经能影响社会，公司规模已经大到触犯反垄断法，那当然可以适用'要知足'这句话。然而营业额只有几亿日元的企业经营者却说'知足很重要，营业额已经不需要再提高了'，这种想法不是很可笑吗？"

听到这番话后，扇山钦佩不已："原来如此，真是浅显易懂啊！""知足"只是在叫人舍弃强烈的欲望，而不是抑制努力。

"很多学员都很好地理解了塾长的话。可其中也有些人早上还在 FACEBOOK 上留言'今天也要付出不亚于任何人的努力'，下午就去打高尔夫了。打高尔夫也没什么不妥，可他们难道不觉得自己的言行不一吗？著有《武士道》一书的新渡户稻造也曾说过：'没有信用和诚实，礼仪便是一场闹剧和演戏。'我们将这里的'礼仪'转换为'语言'就能很容易理解。这些话出自一步步践行自己诺言的稻盛塾长之口，令人感到特别有分量。用塾长的美丽语言充门面，这可不好。"

稻盛也曾提醒大家："学员不少人读《论语》而不知《论语》。"他说，我们不能只满足于学习，而是要思考如何将学到的东西运用到实践中去，这才是最重要的。

扇山带着自我告诫的语气说道："如果只是感到'塾长今天的演讲真精彩！'仅此而已的话，那是不会有任何改变的。像我当年一边开着高档车摆谱，一边说'做人一定要谦虚'一样，这样的经营者是不行的。"

为何扇山会对语言如此执着呢？

扇山旺盛的求知欲并不是从今天才开始的。"父亲没上过什么学，母亲也只是从高等小学毕业而已。"扇山自我介绍道。或许是和这样的家庭环境有关吧？总之，从小开始，他就展现出对各种事物寻根究底的好奇心，因此还曾多次参加电视台的猜谜游戏。高中也是就读宫崎县数一数二的名校。他不受语言表面的迷惑，而是探究话语的核心，这份探究之心或许就是从那时候培养起来的吧。

还有一点，扇山非常钦佩稻盛的人品。

稻盛经常说：

"经营者必须要得到30～40名员工的崇拜。只有员工崇拜你，他才会死心塌地地跟随你。"

说得极端一些，人，如果是为了自己喜欢的人，连杀人都会去干。人们对于自己喜欢的人所说的话，会变得顺从。稻盛正是抓住了人的本性，才会一语道破"经营者得到员工们的崇拜，公司就会发展"，并亲自将其实践于经营活动中。可是，我们几乎听不到其他经营者说过这样的话。许多经营者都认为"崇拜与被崇拜"这种关系幼稚可笑，他们总是觉得那些学者论文中提出的经营理论才是高尚的。稻盛并不认同那些理论，认为其中存在巨大的误解。

于是稻盛以自身为例，告诉学员们怎样才能成为一个被人崇拜的人。扇山说道："塾长在向我倾注强烈热情的同时，也会在塾长例会期间的空闲期，与我们一起去海里泡澡，和我们像孩子一样嬉戏，去卡拉OK和我们唱歌，让我们见识到他真实的一面。这可真是了不起啊。塾长正是通过这一次次交流，逐渐让学员们崇拜'稻盛和夫'。"

越是崇拜稻盛，想要了解稻盛的求知欲就越会增加。对于对知识充满强烈好奇心的扇山来说，这样的解释正适用于他。

扇山的"杂鱼寝会"就是按照这一思路创建起来的。杂鱼寝会的成员都是稻盛的追随者，他们通常在塾长例会的第二天，拜访塾长例会举办地城市的公司。例如，某某学员说推广稻盛哲学后，公司里的气氛焕然一新了，这是真的吗？员工们真的理解了稻盛哲学吗？好，那就实地考察一次。

"我们的目的不是要去揭穿谎言，而是希望见到最真实的情况。不要彼此都带着面纱，而是要相互之间开诚布公，这样才能真正地学习。一般来说，许多经营者很不愿意把自己不好的一面展现给别人，但是这却是盛和塾的一大优点，大家都是敞开着的。看来这就是塾长所倡导的利他之心吧。当我将‘杂鱼寝会’的事情告诉塾长时，塾长也说：‘呀，这很好啊。’”

去拜访的人太多，难免会给这家公司添麻烦，所以我们从 25 名成员中，按照企业拜访申请的顺序选取 15 人。我们不会住酒店，一定会找一家有大房间的旅馆，然后大家吃住在一起。这样，大家的沟通交流就能更深入。我们一边喝酒，一边对白天所学的内容交换意见，会弄到很晚。早上起来后，又会相互吐露经营上的烦恼。而且，每年 4 月的杂鱼寝会上，全体成员都会带着自己公司的决算报表参加，先对一年的经营进行总结，然后再表明新年度的经营决心。

有几次因为讨论过于激烈，成员之间还争吵起来。

“这种人际关系其实非常难得。公司就是一城一地，经营者就是城堡的主人。他们带着各自的烦恼交流倾诉，彼此分担苦恼，分享经验，这种伙伴关系真是太珍贵了。盛和塾在每年 12 月都会举办‘忘年例会’，然后一直到第二年的 3 月中旬，这期间都不会召集全国性的例会。这是一个空档期，分开得久了，大家都想见一面。”

或许有人会感到疑惑：“塾长例会每次都参加有意义

吗？"据说有一次，稻盛应邀发表演讲，他开头的第一句话就是："时间这么早，你们就抛开公司的工作跑到这里来干什么？回去吧！"那么，对盛和塾的活动又该如何解释呢？稻盛曾说过这样一段话：

"塾长例会主要是当地的人来参加，这我理解，但是为什么会有那么多人从老远的地方赶过来呢？有这个空闲的话，还不如用在工作上。不过后来，我听说出现了'追随者'这种说法，而且这些追随者越追随，公司的业绩就越好。既然这样，那我也就不好再赶他们走了。"

扇山也说："稻盛的信徒反复聆听塾长的教诲，不但能够加深理解，还能彼此相互刺激互相学习。也因为这样，公司的业绩才会提高。"

扇山通过公司全体研修的方式将从稻盛那里学到的知识传递给 50 名员工，尤其是在道德教育方面投入了更多的时间。不过，对语言极为讲究的扇山，却不想把从稻盛那里学到的内容原封不动地灌输给员工。

"塾长的话对于我来说就像是北冰洋的冰块一样。我把这些冰块搬回去，对员工们说：'拿去吃吧！'但是他们吃不下呀。我必须用冰镐把冰敲碎，再浇上甜甜的蜜汁，然后端到他们面前说：'尝尝这个味道吧。'他们这才会美美地吃起来。我每个月也会和员工们举行饮酒会。和员工们一边喝酒，一边讨论生存的意义和工作方法。而且像打扫厕所、处理客户投诉等这种在公司内大家都不愿意干的活儿，我都是第一个去做。员工们是否崇拜我我不知道，不过我想自己多少还是得到他们的信赖了吧。"

扇山认为，"经营者，同时也是一个教育者"。

"通过工作，人能够得到怎样的成长？我认为这是最重要的问题。特别是最近以来，公司的作用在加大。在举办公司介绍会时，我一定会问：'在座的有谁能说出父母的生日？'100 人中能回答上来的还不到 10 人。这种教育本该是父母和学校老师做的，但是在当下他们却没有做到，结果公司不得不代替他们来做。"

曾经开着高级轿车四处招摇的扇山，现在开的是一辆国产小型车。

"并不是高级车有什么不好。塾长也说，人不可有贪欲，但是正常的欲望则是必要的。不过当年我信奉'动机为钱'，实在太丢人。所以一段时间里我还会继续开这辆小型车。"

昔日，扇山曾因为独特的言论而被学员伙伴们所误解；今日，扇山却真挚地面对经营，他也不愧是稻盛的信徒。

师曰："人生存的标准只有一条，那就是如何正确地为人。"

稻盛和夫（北京）管理顾问有限公司是一家为了在中国推广稻盛哲学而于 2010 年 4 月在北京设立的公司，除了负责在中国全国开展稻盛哲学的启蒙活动外，还承担稻盛的书籍和演讲 DVD 的销售等工作。据该公司发行的杂志《盛和塾》所载，公司成立的缘起是 2011 年秋天中国的出版社在北京举办的稻盛演讲会。

以如履薄冰般的慎重经营度过多次经济危机、摒弃自私之心，倡导企业与员工、顾客、客户、地区社会等和谐共存的"利他之心"。——稻盛将自己的经历与经营理念向中国的听众娓娓道来，他告诫说："经营者要提高心性，用正确的哲学，正确的思想去从事经营，那就能避免误判，从而将企业带向正确的道路。"

这些内容在中国国内引起极大反响，直接催生了这家公司。转眼之间，稻盛的门生圈子扩大了，到 2012 年年末，中国的学员已经达到 1335 人。需要补充的一点是，日本盛和塾开塾 30 年学员约 6300 人。由此可见，中国的"稻盛热"是何等的火爆。从日本过来参加中国盛和塾大会的学员兴奋地说：

"参加者几乎都是 30 岁到 45 岁的年轻经营者。连续两天的大会，除了中国经营者发表自己的经营体验，就是稻盛塾长的讲话，可是会场里鸦雀无声。大家都非常认真，在向塾长提问时，大家都争先恐后踊跃举手。"

在中国引领这股稻盛旋风的是稻盛和夫（北京）管理顾问有限公司的董事长曹岫云。曹岫云 1969 年从无锡轻工业学院（现江南大学）毕业，在企业和政府机关工作后，于 1992 年创业，现在经营着无锡中幸时装有限公司等六家公司。

曹岫云和稻盛的第一次接触要追溯到 2001 年。

那年 10 月，在天津召开了中日企业经营哲学国际研讨会，主题就是稻盛哲学。这是由天津日本企业经营哲学研究会和日本盛和塾共同举办的，稻盛本人也亲临现场。而曹岫云则接到江苏省企业家联合会的委托，"你会说日语，能够读写日语文章，所以希望你能作为江苏省的代表，参加天津的会议"。同时，曹岫云还将在研讨会上就自己的经营情况发表演讲。

曹岫云演讲的题目是《百术不如一诚》。听完曹岫云的演讲后，和他第一次见面的稻盛说了这样一番话。

"任何事都有判断标准。如果是物品，我们可以测量它的重量和长度。人也有判断标准。这种标准非常简单，人生存的标准只有一条，那就是如何正确地为人。那么什么是正确的呢？那就是正直而不虚伪，勤勉而不懈怠，谦逊而不傲慢，知足而不贪婪，在考虑自己的利益之前先考虑他人的利益……我们必须秉持这些标准来生活和从事企业经营。许多人明白这些道理，但是能否始终贯彻这份正确，却是个问题。"

什么才是正确的事？稻盛解释说，创办京瓷和 KDDI 这两家企业就是以此为原点起步的，所有的一切都是由这一点展开的。

曹岫云回忆道："听完这番话的瞬间，我就觉得这就是真理。"

曹岫云的学生时代是在"文化大革命"时期度过的。"文化大革命"后来被否定，他不知道该相信什么，真理在哪里。就是在这种状态下，他开始经营公司的。因此，对于曹岫云来说，稻盛的话是胜过任何宗教的真理。

"中国从 1978 年实行改革开放政策后，经济持续发展，引入了先进技术。可是，人们的价值观却非常混乱。利己主义占了主导，许多人只想着自己赚钱、成名，只想着让自己的家人幸福。在改革开放前，努力和不努力都是一样的。在企业经营方面，改革开放后，我们以欧美为中心学习了他们的管理方法。可是，我们应该如何将干部和员工的心捏合在一起呢？一牵扯到和人有关的问题，我们就不得要领，大家都感到困惑。其结果就是偏向成果主义，企业和员工的关系只能依靠赤裸裸的金钱关系，这种关系不可能持久。在这种经营思维下，公司属于股东，员工不过是成本。在这里不可能有珍惜员工的想法。在我的公司里，员工们工作都很认真，但我仅仅因为是一名经营者，我所得到的收入却是员工们无法比拟的。我不知道这种做法是否正确。"

在中国，除了国有企业外，其他的大企业、中小企业都是改革开放后成立的。尽管经营者们的经验不足，但是由于中国经济的迅猛发展远远超出了他们的想象，他们的企业也都随之急速成长起来。经营者们就是在这种背景下，反复尝试摸索，寻找有效的经营方法。

在中国，学修 MBA（工商管理硕士）学位比日本还要热门，但是，许多经营者们感到这种欧美式的管理方式存在着不足。这也因为中国是个"孔孟之国"。"文革"期间，孔子的思想曾被批判为"封建主义的道德"，但是到了上个世纪八十年代，中国对孔子进行了再评价，儒家思想得以逐步恢复。现在的中国，在掀起稻盛热的同时，儒教等国学热也在蓬勃兴起。对此，曹岫云指出：

"国学中的文言文即使是对于读了大学的我来说都很难，对今天的年轻人来说就更难理解了。而稻盛塾长的话

中，虽然也引用过孔子、孟子等中国古人的话，但是他把
他们的思想概括成一句话，那就是什么是正确，非常通俗
易懂。（明代的思想家）王阳明在《致良知》中有这样一句
话，自然界的真理和人心中的良知是相同的。因此，只要
明白什么是正确的并以此加以行动，就能合乎天理，面对
任何困难都必然会得天助。塾长也常说，只是怀着一颗纯
粹之心沿着正确的道路拼命前进，无论是技术开发还是其
他方面都会得到神助。就像这样，稻盛哲学和国学既有内
容重叠的部分，也非常易懂。"

　　稻盛哲学为什么会这么畅晓易懂呢？在曹岫云看来，
其原因就在于，它是从经营实践中产生的。稻盛创办京瓷
时，大部分员工都是初高中毕业的年轻人，要让他们明白
并付诸行动，尽管话语蕴含着深刻的意义，但在表达方式
上却必须通俗易懂。

　　此外，稻盛的话还具有实用性，这种所谓的实用性还
很关键。二宫尊德在中国也很受欢迎。尊德曾提出："没有
道德的经济就是犯罪，而没有经济的道德无异于梦呓。"可
是尊德没有阐释具体的经营手法。于是，将经济和道德合
二为一的稻盛哲学将中国人聚集了起来。稻盛的话中不仅
有儒教的道德，还能示范如何在市场主义中前进，在中国
企业家眼中，这就是兼具哲学和实学的理想教条。

　　曹岫云十分关注稻盛所提出的"追求全体员工物心两

面的幸福"这一经营理念。曹岫云的故乡江苏省无锡市在雷曼兄弟破产时期，许多企业的员工都在家待岗，工资也被砍掉一半，有的员工还被解雇。据说还有美资企业甚至连总经理都解雇了。

"在经营情况好的时候，工资虽然很高，可业绩一旦下滑，有许多企业都会说'现在已经不需要你了'而解雇员工，可位于无锡的京瓷集团的公司却没有任何变化。这是因为公司采用了（提高内部留存的）水坝式的经营方式，保证了公司经营的稳定。结果，员工们也享受到了物质方面的幸福。如果再把精神方面的幸福带给员工，公司的团队建设就会非常好。而且，追求全体员工物心两面幸福的经营者，会为了员工的幸福而努力工作，也能堂堂正正地指出员工的不足，这样的团队是非常强大有力的。"

和提倡"做正确的事"的稻盛哲学一样，曹岫云认为这一理念具有普遍性，并不局限于企业经营。

"追求物质心灵两方面的幸福是人类几千年来，全世界圣贤都追求的境界。孔子孟子有许多这方面的论述，可现实却不尽如人意，而塾长却在一定程度上实现了这一追求。如果将全体员工替换为全体国民，那就可以将其视为整个国家的理念。任何一个国家都应该是以追求国民物质和精神两方面幸福为目的的吧。除此之外，还能有什么呢？"

现在在中国，将自己的人生和经营分为"稻盛前"和

"稻盛后"的人越来越多。他们在接触稻盛的教示前和接触后，活法和经营都有很大的变化。

"中国的经营者们为了能更好地经营企业，为了能让人生更加丰富，学习了许多知识，可是像稻盛塾长这样的既有哲学又有阿米巴经营理念，他们感到这种价值不可同日而语。学员中既有经营中小企业的，也有经营大企业的，可是不管企业规模如何，只要实践稻盛经营就能获得成果，单凭这一点就值得让人吃惊了。"

曹岫云为我们举出了一个实例。

"成都一家房地产中介公司拥有 3000 名员工，稻盛哲学浸透到了他们每一个人的心里。在员工的日常交流中，稻盛哲学的思想都会不经意地流露出来。日语中有'言灵'这个词吧。意思是当你充分理解词语的本意，并以此为基础付诸实践时，语言就会作为'言灵'从心底涌现出来。我曾参观过这家公司开会时的情形，员工们的讲话就有'言灵'。稻盛哲学渗透之深，令我惊讶。他们还引入了阿米巴经营，以前只会关注销售金额有多高，现在更加注重确认每一位员工的附加值。这是一家颇具实力的公司，他们计划十年后员工要增加至 5 万人。"

在中国，吸收了稻盛哲学和实学的年轻经营者开始崭露头角。他们当中今后一定会涌现出中国第一、世界第一的企业家。

"中国的稻盛热这才刚开始。从稻盛哲学所具备的力量和中国社会所具备的潜在需求来看，我认为现在的浸透程度还远远不够。坦白地说，中国现在的拜金主义还很严重。因此，如果不推广稻盛塾长的哲学的话，我觉得很可怕。无论经济实力和军事实力怎样强大，都是很可怕的事情。这并非我的个人观点，大家都是这样认为的。因此，我懂日语，又在研究稻盛哲学，需要做的事还很多。"

燃烧起使命感的曹岫云从 2012 年 3 月开始，将稻盛的教诲翻译成中文，并每天在微博（中国版的"推特"）上刊登。稻盛的微博粉丝（经常阅读登录的人）也以惊人的速度增长，到了年底，已经超过 250 万人。

"在微博上刊登日本人的哲学没事吧？""日中之间既有历史问题，也存在现实的政治问题。让日本人的思想成为中国的经营典范，这在中日关系不好的时候可不太好。"虽然有人提出了这样那样的担心，可曹岫云并不介意。"塾长所说的是心里的话，这和是日本人还是中国人都没关系。这事不可能遭到反对，事实上什么事也没有发生。不仅如此，在微博上还有许多中国读者留下了善意的评论。"

稻盛的著作《活法》系列也被翻译成中文在销售。担任翻译工作的，实际上就是曹岫云。由于稻盛的教示中有许多灵性的内容，如何用中文更加贴切地表达出稻盛语言的精妙之处，翻译起来颇费功夫。有时为了翻译一段文章，他会琢磨好几天。

中文版的《活法》被中国的稻盛信徒视为经典。有一家公司为了给员工配发此书，一次性购买了几百本。据说还有一家公司购买了 7500 本。可以想象，这样一来，稻盛哲学不仅得到了经营者的推崇，还渗透到了中国的普通商务人士中。曹岫云的朋友中有人将《活法》放在枕边，每天晚上都会反复阅读。

由于稻盛热成了一种社会现象，中国中央电视台（CCTV）自 2008 年开始连续播放了五次关于稻盛哲学的电视节目。据曹岫云所说，对特定的经营者的思想制作如此多的专题节目是从未有过的。

曹岫云告诉我们这样一个场景。

"电视台的摄像师在拍摄塾长时注意到一个细节。那就是上了年纪的塾长是亲自提着装有大量资料的提包步入会场的。而且塾长在自己演讲结束后，在接下来的八个多小时里，一直认真倾听着他人的经营体验并做着笔记。他的倾听是全神贯注的。中国的不少领导做不到这一点。他们不会自己提包，即使是被邀请出席聚集了许多人的会议，他们也会迟到，而且在发表了五分钟左右的讲话之后就会扬长而去。尽管如此，大会的主持人还会说'感谢您百忙之中前来'，然后要求大家鼓掌。已经习惯于这种情况的中国人对稻盛塾长的人品感到钦佩也就理所当然了。就这样，塾长的人格魅力通过电视也传播开来。我自己和塾长在一起时也是心情舒畅的,不仅仅是像充了电,而是心情非常好。我想各位也大概和我有同样的感觉吧!"

曹岫云理想中的经营者就是稻盛这样的。

"我个人非常喜欢学习。中国有不少经营者也让公司发展壮大,可是我在读他们的经营理论和心得时,丝毫不感到钦佩。我也学习了世界历史和各种思想哲学,但是能给我最大感动的除了塾长以外,没有其他人。塾长本来是一名技术人员,可他却作为一名经营者而广为人知。但就本质而言,我认为塾长是一位彻底追求正确的思想家、哲学家。我不是一个轻易佩服别人的人。如果不是让我心悦诚服的话,无论那个人多么伟大,我都不会相信他。塾长虽然是一位经营着大公司的经营者,可和这没关系。我只是被他的哲学所吸引。"

正当日本的经营者在西方的"管理理论"和东方的"道德经营"之间摇摆不定时,在儒教发源地的中国,通过"稻盛和夫"这一媒介,如何做一名经营者得到了深度挖掘。那些认为中国企业只是依靠着低廉的人工成本和高速的经济成长为后盾才发展起来的观点,已经成为过去式了。

曹岫云反而对日本的经营者深感担忧。他虽然承认"日本企业在技术和下功夫上都优于中国企业",可当问到对经营者的看法时,表情显得犹豫起来。

"无锡有许多外资企业。在韩国企业里，过了半年还不会说中文的员工会被赶回国，日本企业就没有这么严格。从当地的政府官员看来，日本企业比韩国企业、中国台湾企业、中国香港企业、新加坡企业都要老实。其原因应该在于经营者吧。尤其是第二代经营者中，他们中有很优秀的人，不幸的是也有一点也不优秀的人。他们常年和中国企业有贸易往来，却不会说中文，因为他们不努力。跟我的孩子没法比。中国企业需要稻盛哲学，可日本的经营者更应该向稻盛学习。"

据说最近，中国盛和塾的学员组团去日本学习的人越来越多，为的是参访日本学员的公司，共同学习稻盛哲学。"这能学到很多东西。而且，日本经营者好的、不好的方面都会暴露出来，他们也会认真回答中国学员提出的问题。相反，日本的学员也开始访问中国的学员公司，像这样的交流今后会越来越多吧！"曹岫云眯着眼睛说道，欣喜之情溢于言表。

第三章　什么是经营者

在酒店的宴会厅里聚集着 500 多名学员。围在各自的桌前谈笑风生的学员们突然一齐站起来，朝着一个方向望去，而他们的焦点当然是稻盛和夫。稻盛的桌子被围了几圈，等大家都围坐好并安静下来以后，接下来就是塾长例会的高潮了。

盛和塾的塾长例会每年会在全国各地举办十多次。在这一天的塾长例会上，首先由两名学员结合着图像资料对自己的经营体验分别做 40 分钟的演讲。稻盛坐在主席台一侧，一边认真聆听演讲，一边结合演讲者的体验发表评论。发表演讲的人数偶有变化，但这种"经营体验演讲"的形式却是一样的。500 余名学员结合着自己的经历，认真聆听台上的演讲。

接下来是恳亲会。最引人注目的是学员们排起长长的队列，为的是能和稻盛进行哪怕只有一句话的交流。接待一名学员的时间被默认为 1 ~ 2 分钟，所以大家都像是商量好了似的，和稻盛拍一张合影后，便心满意足地回到自己的位子上。

恳亲会开始一段时间后，在主持人的指挥下，终于到了被称为"二次会"的迷你经营问答时间。

和事先就确定了发表经营体验演讲的第一项不同，接下来的环节是经营问答，谁举手快谁就能获得提问的机会，运气好的人可以将自己经营上的烦恼和稻盛直接交流。此时提问的学员和稻盛自己似乎都进入微醺状态。有时提问者会流着泪吐露自己的不安，有时稻盛也会面红耳赤训斥学员，这简直就是推心置腹的经营对话时间。在这一天，有六人获得提问的机会。其中，让稻盛花了最多时间来做回答的是一位经营眼镜店的学员所提出的问题。

"在这半年里，我有四名得力员工辞职了。我不清楚他们的辞职理由是真是假，比如'我对现在的工作并非不满意，只是自己想去做一些别的事'，等等。在这之前，我一直将员工当作自己最爱的人，为了加强沟通交流，也曾提出'我们来举办饮酒会吧'。可是员工们却以'我不会喝酒''今天开了车的，不能喝酒'等理由拒绝了……总之很多人都辞职了。我接下来究竟该怎么办？"

手里紧紧握着麦克风认真听着的稻盛，平静地说道：

"中小企业不像大企业那样，待遇不好，福利也不完善。各方面都有所欠缺。也就是说在员工看来，我们中小企业是没有魅力的，因此他们会对未来感到不安。我相信各位中小企业的经营者都曾这样想过，那就是如果我的公司是家大企业，那就一定能留住优秀员工。得力的员工辞职而去，我想没有比这更让人痛苦的了。"

平静的口吻到这时突然转变，稻盛很有力量地说道：

"公司没有吸引力，怎么办？那只有靠你总经理来增加吸引力了。如果你有魅力，即使公司只是一家小小的眼镜

141

店，员工也会想：'他总是给我梦想。如果和他一起的话，公司一定会越来越壮大。'因此，必须让员工崇拜你。如果你不具备让人崇拜的魅力，那谁也不会追随你。让员工炒了你的鱿鱼，这是一件很难堪的事。有时一些并不优秀的员工也会离职而去。想要把他们留下来，他们还会找出各种各样的理由来。那么，是不是中小企业里就留不住人才呢？不是的，还是会有人留下来，还是有人愿意与我们共同奋斗的。怎样才能让这样的员工多起来，这不正是对领导者的魅力、人性的考验吗？"

已经功成名就的稻盛直至今日，在谈到中小企业经营时依然经常会说"我们中小企业……"这个创造了销售额达几兆日元的企业的男人，始终和大家站在同一条线上。单凭这一点，中小企业经营者的心就被稻盛所牢牢吸引。

从经营体验的演讲开始，到超过四小时的塾长例会结束，这是一场漫长的跌宕起伏的过程。这时主持人再次登台：

"今天的例会将要迎来结束的时刻，非常感谢各位的光临。那么，依照惯例，请大家一起来合唱《故乡》这首歌曲吧。"

于是学员们一齐起立，沿着墙壁，搭着肩膀。

然后500人的大合唱《故乡》开始了。

"追逐兔子，我翻过那座山；去钓小鱼，我蹚过那条河……"

以前，稻盛工作过的位于京都的陶瓷厂曾濒临破产，和他同期进入公司的同事一个接一个地辞职。为了驱散寂寞和对未来的不安，稻盛每晚都会来到宿舍附近的河边，思念故乡鹿儿岛，嘴里唱起的就是这首《故乡》。

大合唱中，有的人紧闭双眼，有的人面含笑容，有的人望着空中若有所思，有的人则是泪流满面。500 余人徜徉在各自的思绪中，齐声高唱。

"这里既是我们学习的地方，也是我们疗伤的地方，更是净化我们灵魂的地方。"某位经营者在开会致辞时所讲的这句话，集中体现了盛和塾的意义。

盛和塾的成立是在 1983 年，时年稻盛 51 岁。京都的年轻经营者们不断地发出邀请，希望学习稻盛的经营理念。这一要求在这一年终于实现了。在杂志《盛和塾》的创刊号（92 年春号）上，稻盛曾这样回顾道：

"他们不断向我发出邀请，希望听听我的讲话，我好几次推托'下次再说吧'，婉言谢绝。可最终还是被他们的热诚所感动，于是就想：'那就帮一次吧。'记得当时我对他们说：'京都给了我各方面的关照，现在该是我报恩的时候了。'"

"你们想要从这个名叫稻盛的男人那里学习他的经营和人生也好，偷学他的本事也好，都可以，但是我希望你们能真心实意地那样去想。只要你们真心地、诚实地、信服地听从我的话，你们的经营就一定会发生巨变。是的，一定会发生巨变。那时你们会因为公司的巨变而深受感动，对我的经验之谈也会非常感激。那样的话，即使我的话不那么动听，但是它的实用效果超凡脱群。如果有人觉得我讲的话很动听，而他又勤奋肯干，那他的公司因此而巨变，我是一点也不会觉得奇怪的。在这里，我并不是要向你们推销新宗教，而是我认为，经营者需要向那些优秀的经营者学习，虚心地学习、模仿他们的经营理念，这是最为重要的大事。因此我希望到这里来的都是那些真心想要学习的人。好学者都是诚实之人，即便每次学习需要付费 100万日元，他也会觉得物有所值。而一个非诚实之人来学，即便是免费的那也是浪费时间的徒劳而已。"

稻盛自己也曾向许多前辈学习，他承认，自己曾受到松下幸之助的不少影响。

位于京都山科的京瓷经营研究所，是一处研修"京瓷哲学"的好地方，这里展示了大量详细记录稻盛和京瓷发展的资料。其中有一张是稻盛在 1965 年参加由幸之助担任讲师的关西财界讲座时的照片。下面的说明写道："听了水坝式经营的内容，大受启发。"

在事业一帆风顺时将所赚的钱存起来，以备经营不顺之需，这就是幸之助的水坝式经营。在稻盛的演讲中时常会提到这样一段故事。当幸之助演讲结束后，会场有一个提问："水坝式经营如您所说非常重要，可我们正在为钱所困，我很想知道，应该怎样才能建造起这个水坝呢？"

幸之助在思考片刻后，回答道："首先，你必须要强烈意识到水坝很重要。"当时会场里哄然而笑。因为他没有告诉大家具体的方法，引来了听众的不满。

可稻盛的反应却不同。听了幸之助的话，就像全身触电了一般。"说得没错。没有强烈的愿望，那就一事无成。"

那时的稻盛，才33岁。被幸之助所震撼的稻盛在18年后开设了盛和塾，成为中小企业经营者的老师。可以说在这18年里，稻盛哲学就是在我应该如何做一名经营者的自问中建立起来的。当稻盛把自己在这个过程中对自身的决断感到迷惑的数次场景向学员们讲述时，每一个细节都描述得细致入微，令听众们仿佛穿越时光回到了过去的作业现场。这里既有他与生俱来的良好记忆力的因素，但更多的是如此深刻的记忆，不正是因为他认真地面对经营，用稻盛的话来说就是"极其认真"地面对经营所留下的痕迹吗？

迄今为止，有许多经营者跨进了盛和塾的大门，学习活着的经营学。

其中有许多经营者的公司已经上市，如 PIA 的矢内广、渡部婚庆的渡部隆夫、平和堂的夏原平和、酒井搬家中心的田岛治子、大户屋控股的三森久实、NEXT 的井上高志等，不胜枚举。曾经的时代宠儿光通信的重田康光、创办 BOOKOFF 的坂本孝等这些著名的经营者也引人注目。软银的总经理孙正义已经退会，他也曾经是这里的学员之一。

不论公司是否上市，也不论公司规模多大，只要在盛和塾，每一个人都是稻盛的门生，都会认真地把塾长的教诲记录在自己的笔记本上。就像是前文中介绍的在自己公司设置"稻盛和夫之屋"的大畑一样，如此崇拜师傅的学员们，我在其他的学习会上还从未遇见过。他们那份虔诚的姿态，至今令我感到震撼。

其中被大家一致评为"最热心学员"的，是在东证一部上市的商业房地产公司太阳前沿不动产公司的总经理堀口智显。

作为狂热的"追随者"，堀口在塾长例会上，会像一名速记员那样将稻盛的话一句不漏地记在大学用的笔记本上。到了没有桌子、不方便记录的经营问答时间时，他就换一个可以放在手掌上的小笔记本，即便喝酒的时候也不忘做笔记。

在回东京的火车上或飞机上，堀口一边誊清笔记，一边揣摩稻盛的讲话，周末时再仔细阅读，并将自己的感受用自己的语言写成 3000 余字的报告。"最热心学员"的称号，真是名副其实！

　　记笔记、誊写、总结，通过这样三次不同形式的书写，堀口说："这样可以打磨得更圆润，让每一段话都能从理论上关联起来，每一段话的背景也清晰可见了。"他每个月都会反复进行这种"书写作业"，让稻盛哲学融进自己的血液里。

　　"在听塾长演讲时，我的脑海里会浮现出公司的某些场景。因此，有时，笔记本上不仅记下了塾长的话，还会在联想中无意识地写下员工的名字。"堀口说。同样一番话，有的人听过以后感叹一句"说得真好"就完了，而有的人则会像堀口那样贪婪地吸收营养，并运用到自己的公司经营中去。"模仿就有意义。如果认为自己不可能成为像塾长那样的经营者的话，那听塾长讲话就毫无意义。"堀口断言道。

　　为了能让员工们共享自己的思想，堀口会在全体员工面前发表3000余字的报告。其中稻盛的话多有引用，除此之外，堀口还加上了许多"注释"，注明大家要从中学到什么，又要做何种实践。由此可见，堀口并不是现学现卖。"员工们都知道，我的老师是稻盛塾长，但是支撑这家公司的不是'稻盛哲学'，而是我们自创的'太阳前沿哲学'。"

　　堀口吸收的不仅仅是经营思想，他还仔细观察模仿稻盛说话时的抑扬顿挫和结尾的方式，以及目光和身体动作。

　　例如，稻盛在酒席上放松下来时，会突然说："各位，

147

请给我三分钟时间。"会场顿时安静下来，稻盛随即简洁明了地阐述什么才是一名合格的经营者。堀口也会模仿这种技巧进行实践。

"以前，我有着强烈的发展公司的愿望，却始终无法将自己的思想传递给员工，并为此苦恼不已。现在想来，我觉得当时那种单方面的灌输式的讲话方式不好。自从我开始模仿稻盛塾长的说话方式以后，员工们的吸收力果然不一样了。这一点，从员工眼中的反应就可以看出来。"

除此以外，端水杯时略微翘起小指的动作、干杯时用左手手指压住西装下摆的习惯等，这些乍看上去与经营无关的事，堀口都在模仿。有时其他学员嘲笑他："你做得太过了。"可堀口却非常认真。

"我模仿塾长，是为了避免在正式场合紧张或失态。不过，更大的原因是，我希望能与塾长更接近一些，所以他的一举手一投足我都在模仿。能有这样一位值得信奉的经营者，并且可以彻底地去模仿他，这可以让我自身也得到成长。毕竟，人从出生的一瞬间开始，就是在不断地模仿着别人。我认为只要能通过好的模仿达成本质，就能演变成自己的天性。"

从"模仿"的意义上来说，有许多学员直接引用了京瓷公司发行的《京瓷哲学手册》这个名字，取名为《某某哲学手册》在公司内发行使用。此外，盛和塾还会销售一种特制日历，每翻开一页，都会看到一段稻盛箴言。

"今天也要竭尽全力努力。"

"当你认为不行了的时候，那才是工作的开始。"

"动机至善，不能有私心。"

"定价就是经营。"

"人生的方程式＝想法×热情×能力。"

遍布全国各地的学员们翻看着日历，然后或是心中默念，或是大声诵读稻盛箴言，以此来迎接每一个早晨。当他们对某件事的判断感到迷惑时，就会自问："如果我是稻盛和夫的话，我会怎么做？"他们的目标就是与稻盛成为"同行二人"。所谓同行二人是指巡礼者在接受弘法大师空海的加护的同时，一同前进。同样，我们有一直温暖守护着我们的导师稻盛，对于那些孤独的经营者来说，这是一种足以让人开心得流泪的喜悦。

为什么人们会如此信奉稻盛和夫呢？

"阿米巴经营"可以说是稻盛经营的代名词。它是将整个组织划分为5～50人的小集团（阿米巴），让各个阿米巴自负盈亏的管理手法。

虽然普通公司也划分了部和课，可阿米巴经营和以往的组织结构最大的不同在于，各个阿米巴每天都能算出利润和费用。自己的阿米巴今天赚了多少，又有多少赤字，这些都能一目了然。这让每名员工都有经营者的感觉，自觉去追求"销售最大化，经费最小化"。虽然并不是要让所有学员都引入阿米巴经营，可是许多学员还是引入了按照部门单独核算的方式。

尽管如此，"销售最大化，经费最小化"这句话说起来容易做起来难。要最大限度地增加销售，还要控制经费，这是经营第一步中的第一步。可是，我们是否能彻底贯彻这一步呢？稻盛所追求的不是"尽可能"，而是"最大""最小"。他不是强制分派那些复杂的经营指标，而是与全体员工拧成一股绳，努力实现"销售最大化，经费最小化"。稻盛认为，只要这样去做，任何行业的企业利润率都能超过10%。

在盛和塾，如果利润率能达到两位数，那这名经营者就被视为出类拔萃了。这些经营者所在的行业或是缺乏技术革新、价格竞争激烈的行业，或是被称为"3K"、却在最底层支撑着日本产业的行业。当这些行业中的中小企业的经营者在自己的伙伴面前，意气轩昂地宣布自己的利润率登上10%的大台时，稻盛也不由得为他们击节叫好。

要让这种各部门独立核算的经营体系在生产现场发挥功能，有一个先决条件，那就是经营者与员工要有一个共同的信念，彼此之间要结成深厚的信赖关系。否则，那就形同单方面地将耗时费力的计数管理强加给员工，组织也将因此而疲敝消沉。

稻盛以阿米巴经营为基础，将自己的经营哲学深深植入每一个员工心中。通过和他们觥筹交错的"饮酒会"，让他们思考人为什么活着、为什么要工作，通过员工们的自问自答，等待他们将"利他之心"融入自己血肉的那一瞬间。

严格的计数管理和深远的经营理念，这是两个完全不同次元的经营大命题，但是稻盛和夫将它们实现了共存和融合。这是稻盛和夫的功绩，也是他成为著名经营者的原因。

教人如何赚钱的咨询师多如牛毛，劝谕终生立身处世的圣贤先哲也数不胜数。可是，能够将看似矛盾的两大命题共存和融合的人物却很少。自从涩沢荣一提出"论语和算盘"以来，许多经营者都在为如何在更深层次上让道德心和经济性共存而苦心竭虑。

解决这两大命题的钥匙——稻盛告诉我们，它并不在于经营手法，而在于经营者自己。经营者的人性之中如果有着真心的信赖，那么员工就会相信和接受你的经营哲学，把"销售最大化，经费最小化"内化为自己的行为。

稻盛的经营就是按照这种逻辑进行的。

首先，经营者要将追求员工物质心灵两方面的幸福作为唯一的经营目的。为了实现员工物心两面的幸福，要树立成为地区第一、日本第一、世界第一企业的远大志向。

为了实现远大志向，经营者要舍弃私利私欲，每天付出不亚于任何人的努力。不断累积，经营者就具备了克己的人性。只有将这种人性置于经营的核心，才能让技术管理和道德理念实现共享与和谐。

所谓克己的人性究竟是什么呢？通过学员和稻盛之间的交流，我们发现许多经营者的苦恼都集中在这一点上。

在香川县赞岐市经营德武产业公司的十河孝男，也是为此问题纠结的人之一。十河的公司生产老年人穿用的保健鞋。现在许多老年人由于肌肉萎缩和疾病等原因，如果只穿普通鞋子，就无法正常行走。为了照顾老年人的这种需要，他们在设计上花了很多功夫，比如让鞋尖适度反翘以防止绊倒，还有将鞋底可按照每 0.5 厘米的刻度来调节高度，等等。细心周到的设计，使得保健鞋深受老年人喜爱，销售额已经超过 10 亿日元。十河也因此获得多项经营大奖，被媒体广泛报道。

2008 年 2 月，在香川县当地举办的塾长例会上，十河以自己的经营之路为题，在稻盛面前进行了约 40 分钟的演讲。在演讲中，他突出地强调了公司事业的社会性，原本想着"稻盛塾长一定会表扬我"，结果却等来了他意想不到的一番话。

"虽然你工作方面很出色，可你的利润率还不到 3%。如果经济稍微有些不景气，你的公司就有倒闭的危险。无论如何，你要努力确保至少 7% ~ 8% 的利润率。"

从未想过公司倒闭的十河，当时感觉就像"被人拍了一板砖"。"我原以为有这样的利润率就已经足够了。即使不缩减经费，公司的资金也能周转。而且顾客都是靠养老金过日子的老年人，所以我们想要控制价格，将这些利益回馈社会。可是，如果公司倒闭，老年人会受影响，员工们也会随之失业。这是我思虑不周啊。"

事业光有巨大的社会意义还不够。只有努力提高利润率，让经营稳定下来，才能守护好员工，也才能让这项对社会有益的事业持续下去。这才是经营者应该走的利他之路。道德和经济、理念共享和数值管理，让这两者既共存又融合，这才能看出稻盛的真本事。从这件事以后，作为一名经营者，十河进一步深化了自己的认识。

十河在员工的面前低下头说道："我们还不能只满足于财务的黑字。我们要通过扎实的经营，把公司建成能经受任何环境变化和风浪的强大公司，要让大家能够安心地在这里工作下去。"十河很清楚，听完这番话，员工们的表情都开朗起来了。原来，正如稻盛所说，员工们的内心还是存在不安的。

他们对大约 60 个项目进行了细致的成本计算，为了能够产生利润，对产品进行了调整。然后还在负责代工的三家中国工厂中引入竞争机制，重复制作同一项目的商品，以提高生产效率。为了扎实推进这些改革，十河致力于提高 60 名员工的"工作精度"，引入了新的体系。十河反思道："以前，我们每年都会制作经营计划书，规定每一位员工的职责和目标，但是具体的推进方式则推给员工不管了。"于是，公司的九个部门，每个月都会举行会议，十河也全部参加。"我终于明白了，和员工一起思考，在分担烦恼和痛苦的同时，提高达成目标的精确度，这对于经营者也是十分必要的。"

严格要求员工，同时也严格要求自己。和稻盛那次交流后，十河的经营风格发生了很大变化。"结果，我发现以前的自己，那真是在胡乱经营。"通过这一系列措施，公司的经常项目利润率在三年里快速提升至 8%。

经营者构筑起一个商业模式，并不是终点；上司给部下发出指令，那也不是终点。经营者要深深投入到公司里面，无微不至地、从无间断地倾注自己的爱情，否则员工就不会产生"追随这位总经理"的想法。士为知己者死，这就是人性。为了自己崇拜的总经理，不论是阿米巴经营还是哲学教育，员工们都会热心地投入进去。

稻盛曾这样描述理想的经营者形象。

"从结论上来说，所谓领袖，他必须有优秀的人性。孩童时期，我经常阅读很多战争纪实类书籍，将军大致分为两类：一类是身跨战马，身先士卒，高喊着'随我来'冲入敌阵的将军；另一类是手持羽扇，立于中军帐中发号施令的将军。"

"例如，在日俄战争的旅顺战役中，大将乃木希典在位于 203 高地前线布阵，司令官大山严则居于后方阵地。当时，大山起床后一边呼吸着早晨的空气，一边用萨摩方言对副官说：'今天是哪里在打仗？'此时 203 高地正在进行殊死争夺，他竟说出这样的话！大山严虽然是我们萨摩的大前辈，可我还是感到愤慨！如果是我的话，我会去最前线，在 203 高地下，走到乃木希典的前面去，蹚过战壕的泥水，冒着枪林弹雨，激励前线的士兵。只有这种能鼓舞部下士气的指挥官，才是真正的指挥官。"[3]

激励员工，不是靠斯巴达式的踢打员工屁股，也不是将高额报酬当作引诱兔子奔跑的胡萝卜，而是经营者要成为点火器，让组织燃烧起来。公司好与不好，其原因都在于经营者本身。这种"终极的领袖论"，正是稻盛半个世纪以来一直阐述的观点。

当然，稻盛也并非完美无缺。正如稻盛自身所承认的那样，他一直在和发自内心的利己思想做斗争。

其中最具代表性的事件，就是 1997 年稻盛在位于京都的临济宗妙心寺派的僧堂圆福寺的剃度。以前他无论多忙，都会抽时间来托钵修行和街头传道。将佛教教义应用于经营之中的经营者有很多，可皈依佛门的经营者却很少见。

　　他在日常的生活中，也在避免奢华。稻盛就任 JAL 会长后，从京瓷和位于京都的家里去 JAL 总部所在地的东京时，使用的是伊丹机场。他虽然知道从京都乘坐新干线去东京轻松而不费体力，可他还是选择从京都赶到位于大阪和兵库之间的伊丹机场，在那里乘坐 JAL 的飞机。当然，稻盛此举，既有显示对 JAL 重建的决心，也有支持 JAL、引人注目的考虑，但如果换作别的经营者的话，他能做到每次都从京都赶赴伊丹机场坐航班吗？

　　此外，从安全的角度出发，JAL 为他在东京预定了一家高级酒店下榻。酒店的早餐品种丰富，非常豪华，但是每天早晨稻盛都会自己去附近的便利店买一个几百日元的便当，回到酒店房间吃。换作别人，像稻盛这种等级的经营者，大概会让秘书去买的吧。

　　想让自己轻松的话，他可以轻松实现。然而，稻盛却并没有选择这条路。如果有人问，稻盛的人性中最值得称赞的东西是什么，那么我要告诉他，那就是他的克己之心，他的那颗已入耄耋之年、获得"经营之神"的称号后仍不衰竭的克己之心。

　　"这可不行！"稻盛时时刻刻都在自我反省和自律。如果说稻盛的体内有着神格性的话，毫无疑问，这就是神格性。你会因为他和蔼可亲的微笑而接近他，同时又会为不近人情的克己之心而敬而远之。他能让自己身边的人感受到人所具备的无限的可能性，对他钦敬不已。

那么，为什么稻盛能够有如此强烈的克己之心呢？关于这方面的内容，在前文的采访中也已经提到，这和他的经历不无关系。

稻盛出生于鹿儿岛一个普通印刷工人家庭，12 岁时曾一度因为肺结核而在生死线上徘徊。13 岁时因为空袭，房屋被烧毁。青年时，报考大阪大学医学部却名落孙山，转而进入鹿儿岛大学。后来刻苦学习，大家都相信他会进入一家不错的公司，可由于朝鲜战争后经济不景气，只进入了一家随时都可能倒闭的陶瓷厂。

因为总是欠薪，一同进入公司的同伴相继辞职而去，稻盛也想改弦更辙，于是提交了加入自卫队的申请，获准。可当他拜托在鹿儿岛的哥哥去递交户口本时，却被拒绝："你怎能轻易就从公司辞职呢？"于是只好继续留在公司。然后开始疯狂地投入到研究工作中，开发出的产品开始被以前的松下电子工业采购，本来认为时来运转了，却又和京都大学一派的上司出现对立。

当时是一种无论怎么努力，都无法如愿的境遇。而正是这一件件不如意之事，锻炼了稻盛的内心。稻盛本人也说，如果没有这么多不如意的体验，就绝不会有现在的稻盛。

由此而得出的结论就是，并不是谁都能成为一名成功的经营者,只有那些背负宿命的人才能取得成功。

这种"经营者宿命论"也适用于稻盛师从过的松下幸之助。

促使幸之助开创自己事业的动力之源原本是对金钱的欲望。出生于穷困之家的幸之助九岁时就开始当学徒,后来家人因为贫穷缺医相继去世,这让他品尝到了难以言表的悲痛与辛劳,因此他认为,只有经济上的富裕才能得到幸福。

幸之助的堂弟、三洋电机的创始人井植岁男曾说过:"我从不认为年轻时的松下是个什么人物或具备怎样出色的才能,只是他对工作的热情异于常人而已。"[4]

后来,幸之助又经历了孩子早夭等生离死别的打击。1932 年他受邀拜访了位于奈良县境内的天理教总部,在那儿他看到信徒们的劳动快乐而富有生机,他领悟到为了社会使命而工作,才是真正的幸福。

这一年,幸之助 37 岁,创业已经 15 年。从强烈的利己意识转化为强烈的利他意识,就在这开悟的一瞬间。后来幸之助将这一年命名为"命知元年"(知道使命之年),就在这一年里,幸之助踏出了人所共知的"经营之神"的第一步。

纵观稻盛的学员,也具备这样的共同点。

德武产业的十河在当地银行就职的那一年里,母亲年仅 46 岁时就去世了。十河这样回忆道："当时，我想，为什么我要遭受这样的痛苦呢？我们家庭并不富裕，为了照顾我们四个子女，母亲一直都在拼命工作，就在我想要回报母亲的养育之恩时，她却离开了我们。当时弟弟才小学六年级。"

接着就在他 37 岁准备作为继承人加入岳父经营的德武产业时，岳父也因为心肌梗死去世了。岳父因为确定了继承人而感到高兴，在接连拜访顾客时遭遇不幸。十河想："我决不能输给岳父，一定要做出一番事业来，让员工们认可我。"十河四处奔走，开拓客户，但是各种努力却没有结果，公司内部反对之声频起。

给在黑暗中徘徊的十河带来一线光明的，是在岳父周年忌日时菩提寺的住持说给他的一段话。住持对他说道："你争强好胜，要让自己不输给前辈。但是我觉得你的前辈以死退位，为的就是让你的工作更容易。你的岳父为了让你继承事业，不惜以死，所以你多多感恩即可，无需争出胜负。"

住持的这番话给十河很大的冲击，让他知道了自己在自私之路上走了多远。在住持的劝导下，他每天早上都会在岳父的灵前参拜，向他汇报公司的情况。这样一来，他身上的压力消失了，感谢之心也油然而生，公司内也逐渐凝聚成了一个整体。这就成为他事业重新起步的基石。

当十河被问到"什么是经营者"时，他这样回答道：

"要让摆满桌子和椅子等这些无机物的公司，变成员工血脉相通的有机物公司，经营者强烈的意念是必不可少的。要问我这份强烈的意念来自何处，我想那就是我希望得到妈妈的表扬：'你努力了。'我还想得到岳父的认可：'公司经营得不错嘛！'母亲含辛茹苦，为的就是让我们四个孩子感受到幸福，这才在年仅 46 岁时就去世了。正是因为他们两人的去世，才成就了我这样一个经营者。所谓经营者，就是有着这种体验的'命中注定者'，并不是什么人都能胜任的。"

世上不存在一帆风顺的人生。我们应该如何面对厄运与逆境呢？不能逃避，不能退后，要不断向前，当这种积累达到一定程度时，作为经营者觉醒的时刻就将到来。这也正是克己之心的源头。这份克己之心会以符合不同经营者个性的形式，有时通过双亲，有时通过思想家表现出来。

与幸之助不同，稻盛还信奉另一个倡导"绝对的积极心"的大正、昭和年间的思想家中村天风。天风的著作《研心抄》中有这样的记述：

人格之完成，实乃人之天职，惟不断陶冶自己始可达成此目的。自我陶冶之力非存于外界，实内在于生命之中。故此，如吾等欲求更完美之人生，则毋如先发现生命内在之力。凭此力即可正心境、无懈怠、清心目、除污垢，唯此方可发挥全能矣。

如果你现在正直面苦难，这也正是自我陶冶的良机，也是考察自己能否背负经营者宿命的一次检验。因此，你要抱持绝对的积极心沿着自己坚信的道路奋勇前进。对此身体力行的，正是稻盛。

在中村天风的话语中，有一句话稻盛赞不绝口。

什么是经营者？稻盛的回答就浓缩在这里。

"欲成就新计划，唯在于不屈不挠之一心……如此方可专心致志、心性高扬、坚强有力、一往直前。"

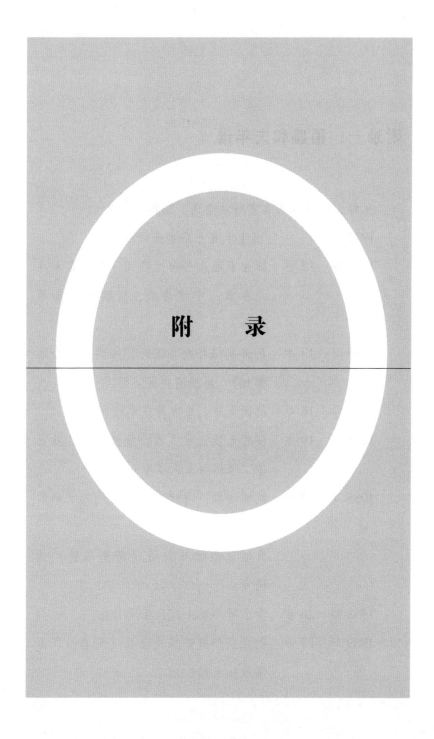

附　　录

附录一：稻盛和夫年谱

＊根据稻盛和夫官方网站精选、编辑

1932 年　　　　　出生于鹿儿岛市药师町。

1944 年　12 岁　毕业于鹿儿岛市立西田小学，报考鹿儿岛第一中学失败，就读普通高等小学。

1945 年　13 岁　肺部感染卧病在床时，阅读《生命的真相》。房屋遇空袭烧毁。

1948 年　16 岁　就读于鹿儿岛市高等学校第三部。

1951 年　19 岁　报考大阪大学失败，就读于鹿儿岛大学工学部应用化学专业。

1955 年　23 岁　就职困难，通过老师介绍进入京都的陶瓷工厂松风工业。

开始从事特殊瓷器（新型陶瓷）的研究。

1958 年　26 岁　和上司冲突，离开松风工业。

1959 年　27 岁　创立京都陶瓷株式会社（稻盛担任董事兼技术部长）。

1961 年　29 岁　和高中毕业的员工团体交涉，确立经
　　　　　　　　营理念。

1966 年　34 岁　担任总经理。

1971 年　39 岁　在大阪证券交易所二部、京都证券交
　　　　　　　　易所上市。

1976 年　44 岁　在美国证券交易所上市。

1982 年　50 岁　公司命名为"京瓷株式会社"。

1983 年　51 岁　面向年轻经营者的经营塾——盛友塾
　　　　　　　　（现在的盛和塾）成立。

1984 年　52 岁　投入个人财产创办稻盛财团，担任理
　　　　　　　　事长。
　　　　　　　　成立第二电电企划株式会社，担任
　　　　　　　　会长。

1986 年　54 岁　专职担任京瓷会长。

1997 年　65 岁　辞去京瓷、第二电电会长，担任名誉
　　　　　　　　会长，在临济宗妙心寺派圆福寺
　　　　　　　　剃度。

2000 年　68 岁　DDI、KDD、IDO 合并，成立 KDDI。
　　　　　　　　担任名誉会长。

2001 年　69 岁　担任 KDDI 最高顾问。

2005 年　73 岁　在鹿儿岛大学设立"稻盛经营技术学
　　　　　　　　院"（现在的稻盛学院）。

辞去京瓷董事。

2010 年　78 岁　担任日本航空会长。

2012 年　80 岁　担任日本航空董事名誉会长。

2013 年　81 岁　辞去日本航空董事。

附录二：出处·注解

第一章

27 页的"和自我意识战斗"是编辑部根据 2007 年稻盛和夫在东京证券交易所召集在创业板上市的公司经营者举办的经营研习会上的演讲总结而成。其余部分是编辑部历时四次的采访整理而成。

[1]《吉檀迦利》（印度 泰戈尔 著，冰心 译）

[2]《一个男人的沉思——原因与结果的法则》（英国 詹姆斯·艾伦 著，吴常春、黄群飞 译）

第二章

文中出现的销售额等数字，除未有特别记载以外，均截止于 2013 年 3 月末。

第三章

[3]《日经风险企业》2005 年 2 月刊

[4]《幸之助论》（约翰·P. 柯达 著）